조선시대
여성이야기

규범

이 저(역)서는 2018년도 조선대학교 특별과제(단독 저역서 출판) 연구비의
지원을 받아 연구되었음

조선시대
여성이야기

규
범

김복한 지음
김기림 옮김

學古房

| 일러두기 |

- 본 역주서는 연세대학교 도서관 소장본 『규범』을 저본으로 삼았다.
- 책이나 다른 문헌 내용을 인용할 때에는 큰 따옴표(" ")를 사용하지 않았다.
- 인물의 말일 경우 큰따옴표(" ")를 사용하였다.
- 본문에 쓰여진 주(註)는 【 】로 표시하였다.
- 인명과 같은 고유명사는 한글·한자 병용하였다.
- 각 일화 끝에 주를 달아 그 일화의 출전을 밝히거나 그 일화와 관련한 보충 내용을 서술하였다.
- 맨 뒤에는 김복한이 지은 여성들의 전을 실었다.

『규범』 번역을 마치며

　어느 날 선배 한 분이 조선시대 여성 관련 기록을 강독하는 모임이 있다는 사실을 넌지시 일러주면서 관심이 있다면 가보라고 하였다. 그 이후로 15여 년이 흘렀다. 그 동안 조선시대 남성 문인들이 기록한 여성들의 삶을 들여다보면서 조선시대 여성들에게 구체적으로 어떤 규범 내지 규율들이 부과되었는지 궁금했다. 내가 알고 있던 여성 규범서란 우암의 〈계녀서〉나 계녀가 계열의 가사 작품 정도였다. 그 때 여성생활사연구소에서 전국의 공공 도서관 및 대학 도서관을 대상으로 조선시대부터 근대초기까지 나왔던 여성 규범서를 조사했다. 그 결과 여성 규범서는 동일한 내용을 담고 있기도 했지만 각 규범서마다 다른 성향을 띠고 있는 것들도 많았다. 이것들은 조선시대 및 근대초기 여성들의 일상을 추론하여 재구하거나, 사회적으로 보편화된 여성에 대한 인식 성향을 가늠하는 데에 중요한 자료들이었다.

　하지만 대부분의 여성 규범서는 한문본이거나 한글필사본이어서 본격적으로 연구하려면 자료를 번역하거나 한글로 정서하는 과정을 꼭 거쳐야 하는 어려움이 있었다. 여성 규범서를 번역한 책이나 읽기 편하게 정서한 책이 있다면 연구자들에게 도움이 될 것이라고 생각했다. 그렇지만 여성 규범서를 번역하고 싶다는 마음만 품고 있었을 뿐 실행에 옮기는 일이 쉽지 않았다.

　『규범』은 지산 김복한이 엮은 책이다. 그는 조선 말기에 태어나

일제 강점기 초기까지 살았다. 국내외 정세 속에서 혼란을 겪고 결국 망하는 조선의 모습을 보았고, 그런 조선을 위해 고초를 겪었다. 그는 호서 유학자이며 의병들의 정신적 지도자라는 위상을 갖고 있다. 당시 사회의 강상 윤리가 무너지고 여성들의 행실이 바르지 못하다고 판단하였다. 특히 여성들을 모아 가르치던 여학교에 대해서는 거부감을 갖고 있었고, 집 안에서 여성을 가르치려는 의도로 『규범』을 편찬했다.

　『규범』은 상편, 중편, 하편으로 구성되었는데 그 중 하편이 친숙했고 흥미로웠다. 하편에 실린 내용은 조선시대 남성 문인들의 각 문집에서 발췌한 것들이었고 그 동안 강독 모임에서 익히 보던 것들이 있었기 때문이었다. 여성 규범서에 등장하는 여성들 중에는 『소학』이나 『열녀전』 등 중국의 인물들이 많았는데, 『규범』은 조선의 여성들을 모범 사례로 보여주었다. 이왕 번역할 바에야 좀더 친숙한 내용, 조선시대 여성들의 실제 삶을 볼 수 있는 자료를 대상으로 삼는 것이 좋겠다고 생각했다. 『규범』을 선뜻 번역 대상으로 정한 이유이다.

　여성에게 부과된 규범을 알고자 하여 시작했지만 시간이 흐르면서 또 다른 생각이 슬며시 들어왔다. 『규범』에 등장하는 여성들의 이야기를 '인간의 이야기'로 확장하여 읽을 수도 있다는 생각이 들었던 것이다. 『규범』에는 사화(士禍)라는 정치적 환난 속에서 가문과 자식을 지키기 위해 고군분투하며 역경을 극복한 딸과 며느리 그리고 할머니, 남편과 한 약속을 지키려고 하룻밤에 10번이나 밥을 새로 지었던 아내, 병든 부모를 위해 간절함을 담아 기도하는 딸, 분수에 넘치는 물건을 과감히 사양한 여성, 돌아가신 아버지를 위해 묘역을 마련하고 아버지의 유문(遺文)을 모은 딸, 게으르고 자세가 바르지 않은 자식을 따끔하게 가르치는 어머니, 자식을 엄하게 가르치는 스승을 존경하도록 타이르는 어머니나 읍소하는 누나 등이 등장한다. 다양한 인간 관계 속에서 발생하는 여성의 역할 곧 딸, 며느리, 아내, 어머니의 역할을 보여준다.

삶에서 이런 역할들은 여성만 하는 일이 아니다. 가문과 자식을 위해 고난을 이겨내기, 자식으로서 효도하기, 가족과 한 약속 지키기, 자식 가르치기 등은 인간이라면 누구나 하는 일이다. 『규범』에 등장하는 행위 주체는 여자이지만 그것을 '인간'으로 확장하여 읽을 수 있지 않을까. 연구의 편리함을 위해 시작한 일이나 번역하는 과정에서 『규범』이 '여성'의 이야기이면서, 동시에 '인간'으로서 '인간답게 살아가는 길'을 보여주는 텍스트라는 생각이 들었던 것이다.

이 책 번역되어 나오기까지 가장 큰 도움을 주신 분들이 있다. '여성생활사연구소'의 여러 선생님들이다. 15여 년 넘게 지속적으로 조선시대 여성 관련 자료를 읽는 모임에 들어가 함께 공부할 수 있도록 허락해주셨다. 그리고 여성 규범서에 대한 관심을 갖도록 동기부여를 해주셨다. 무엇보다 연구소 선생님들께서 여성 규범서 자료 조사 작업을 해 놓은 것이 있었기에 『규범』 번역을 시도할 수 있었다. 『규범』 번역의 공(功)은 모두 그 분들께 돌리는 것이 마땅하며 과(過)가 있다면 내가 질책을 받아야 할 것이다. 이 자리를 빌어 '여성생활사연구소' 선생님들께 다시 한번 감사드린다.

2018년 12월 15일
뜨거운 여름이 가고 찬 기운이 감돌아 올 때
무등산 아래에서 쓰다.

7

목차

『규범(閨範)』 해제

1. 편찬자 김복한

『규범』은 김복한(金福漢)이 편찬한 여성 규범서이다. 김복한의 본관은 안동, 자는 원오(元吾), 호는 지산(志山)이며 1860년(철종 11) 7월 24일 홍주 조휘곡(洪州 朝暉谷-현재 충남 홍성군 홍성읍 소향리)에서 태어났다. 병자호란 때에 강화도에서 순절했던 김상용(金尙容)의 12 대손으로서 충절 신하의 후손이라는 긍지를 가졌다. 고조는 김회근 (金晦根), 증조부는 김병정(金炳鼎), 조부는 김정균(金正均), 아버지는 김봉진(金鳳鎭)이며 어머니는 연안 이씨이다. 어려서 이마가 넓고 골격이 준수하여 할아버지가 매우 사랑했다고 한다. 1865년 6세 때 아버지가 돌아가시고 이듬해 어머니까지 돌아가셔서 일찍이 고아가 되어, 종조부인 소죽(小竹) 김민근(金民根)의 보살핌을 받았다. 12세에 농은 이돈필(農隱 李敦弼1)에게 가 수업했는데 이돈필은 당시 과문(科文)을 매우 잘한다고 인정받았다. 15세 때에는 고종 사촌형인 복암 이설 (復菴 李偰, 1850-1906)로부터 배웠는데 두 사람은 이후 상소 활동을 함께 하면서 동지적 관계를 맺었다. 31세 때 선릉 참봉이 되었고 그

해 12월에 경연에 들어가 『맹자』『중용』 등을 강하였다. 33세에는 경시(慶試) 문과에 3등으로 합격하여 홍문관부교리 경연시독관에 제수되었으며 이후 사헌부지평 경연검토관, 홍문관부수찬, 사간원 헌납, 시강원사서, 형조참의, 성균관 대사성, 동부승지 등에 제수되어 관료 생활을 했다. 1894년(고종 31) 35세 되던 해 4월에 국사가 날로 그릇되는 것을 보고는 관직을 버리고 고향으로 돌아왔다.

이후 김복한은 일본의 국권 침탈 행위 및 이에 부응한 친일 개화파의 국정 운영에 대해 항거했고, 한편으로는 유교를 진흥하며 풍속을 바로잡고자하는 데에 힘을 기울였다. 1894년 6월 일본에 의해 이른바 갑오개혁이 단행되고 1895년(고종 32)년 8월 명성황후가 일본인에 의해 시해되었으며 11월에 단발령이 포고되었다. 이러한 일련의 사건은 일본세력과 이에 동조했던 김홍집, 유길준, 김윤식 등의 개화파가 주도하였다. 이에 김복한은 12월에 홍주에서 거의하기로 결심하고 정인희(鄭寅羲), 박창노(朴昌魯), 이봉학(李鳳鶴), 송병직(宋秉稷), 이상린(李相麟) 등과 함께하기로 했으며 복암 이설 및 당시 홍주목사였던 이승우(李勝宇) 등에게도 함께 하기를 권유했고 각 군에 격문을 보냈다. 그러나 이승우가 배신하여 2일 만에 붙잡혀 서울로 압송되었다가 다시 홍주 감옥에 갇혔다. 그 때 고종의 선유사로 호남으로 가던 신기선(申箕善)이 구원활동을 하였고 고종의 특지(特旨)로 풀려났다. 그리고 곧바로 성균관장에 제수되었지만 자신의 재주와 학식이 천박함을 이유로 들어 사양하고 나아가지 않았다. 1905년 을사조약이 체결되자 을사오적(乙巳五賊)을 처단하기를 요구하는 상소를 올렸고 이 일로 인해 그 해 12월에 경무청으로 잡혀갔지만 그믐 즈음에 고종의 명에 의해 석방되었다. 1906년 홍주에서 민종식(閔宗植)이 의

병을 일으켰다는 소식을 듣고 함께 하려다 공주 경무청으로 잡혀갔다가 서울 경무청으로 이송되었다가 풀려났다. 1910년 한일합병이 되자 두문불출하며 외부 활동을 그만두어 심지어는 친지들의 경조사와 관련한 글 짓는 일까지 끊어버렸다. 1912년 메이지 일왕이 죽었을 때 일본은 조선 사람들에게 상복 입을 것을 강요했지만 김복한은 끝내 입지 않았고 이 일로 인해 장남인 김은동(金殷東)이 일본 경찰에게 맞아 거의 죽게될 지경에 이르기도 하였다. 1919년 파리강화회의가 열릴 때 편지를 보내 국권을 회복하고자 했다. 이 때 영남의 곽종석을 비롯한 사람들도 편지를 보내고자 하였으므로 영남과 호서 사람들 137명이 함께 하여 편지를 써서 파리로 보냈다. 그러나 파리로 보내는 편지가 발각되어 일경에 의해 붙잡혀 홍주, 공주 감옥에서 고생하다 10월에 풀려났다. 이처럼 30대 후반부터 김복한은 조선, 대한제국의 국권을 침탈하던 일본 및 친일 개화파에 대한 항거와 불복종으로 수차례 검거, 투옥, 석방이 반복되는 삶을 살았다.

한편, 김복한은 유교를 진흥하고 유교적 윤리를 강화하여 풍속을 바로잡고자 하였다. 1898년에 사상례(士相禮) 및 강회(講會) 개최, 이후 향음주례(鄕飮酒禮) 등을 행하여 유학하는 선비들의 학문 풍토를 진작했고, 1904년에 향약을 설치하여 여씨 향약을 본받아 민간의 풍속을 순화하는 데에 힘쓰기도 하였다. 1921년에는 인지서재(仁智書齋)를 세워 주자의 백록동서원 규례를 본받아 유학 진흥을 위한 후학을 양성하고자 하였다. 당시 이항로를 비롯한 화서학파들의 위정척사 정신을 근간으로 하는 글들을 모아 『주변록(主邊錄)』을 엮어 학생들에게 읽도록 하였다. 이는 초학자들이 시의(時義)를 잘 알아야 혼란한 세상 속에서 바르게 설 수 있다고 생각했기 때문이었다. 이와 같이 김복한은 쇠퇴해가던 유학을 부흥하고자 하였고 그의 사후에 유교부식회(儒敎扶植會)가 설립되어 그의 뜻을 계승하기도 하였다.

학문적으로 볼 때 김복한은 남당 한원진(南塘 韓元震)의 학설을 전적으로 수용하는 편이었다. 우선 그는 한간 김한록(寒澗 金漢祿)이 한원진에 대해 '성리의 학설을 밝힌 공은 공자 및 주자와 나란히 칭해질 만하다.'고 평가한 말을 인용하면서 한원진의 문도가 되고자 했다. 그리하여 한원진과 관련한 일들을 했다. 한원진의 묘소를 찾아 참배하고, 복암 이설과 함께 한원진의 연보를 교열했으며, 한원진이 있었던 관해정(觀海亭) 터를 방문하기도 하고, 62세의 노령의 나이에도 제문을 지어 묘소에 가서 고하게 하는 열정을 보이기도 했다. 한원진은 인성과 물성이 서로 다르다는 인물성 이론(人物性異論)을 주장했는데 김복한은 이에 대해 '선생이 인물(人物), 화이(華夷)를 구분하지 않았던 당시 논의에 대해 걱정했는데 지금 그 상황에 처했다.'고 하면서 항일 정신의 바탕으로 삼았다.

2. 『규범(閨範)』 편찬 동기 및 내용

김복한이 살던 때는 조선이 개국하여 일본을 비롯한 외부의 사상, 문화가 조선의 사회에 전반적으로 확산되고 있었다. 사람들의 의식의 기반이 되었던 유교 성리학은 서양에서 유입된 여러 사상들과 충돌했고, 이 과정에서 유교적 사고방식 및 윤리의식이 변화해 갔다. 여성에 대한 인식도 이런 변화에서 비켜나 있지 않았다. 특히 여성도 남성들처럼 정식으로 교육받아야 한다는 발언들이 공식적으로 언급되면서 여학교가 설립되어 여성들도 '집 안'이 아닌 '집 밖' 공간에서 공부를 할 수 있게 되었다.

김복한은 당시 세태을 보고 '옛날에는 정숙하고 신실한 여성들이 많아 경강(敬姜)이나 영녀(令女)같이 예법에 밝고 절조 있는 여자들이 집집마다 있었는데 요즘은 세도가 무너져 차마 눈으로 볼 수 없는 여자들의 행실이 많다. 또 여학교라는 것은 음양(陰陽)이 자리를 바꾼 것'이라면서 불편한 심기를 드러냈다. 그는 당시 여성들의 품행은 정신(貞信)하지 못하며, 특히 '여성은 집 안에 있어야 한다.'는 유교적 관점에서 보았을 때 '집 밖'으로 나가 배우게 만드는 세태가 못마땅했던 것이다. 그리하여 여성을 '집 안'에서 가르쳐야 한다고 생각했고 『규범』을 엮어냈다.

『규범』은 크게 상편, 중편, 하편으로 구성되었다. 상편은 『소학』, 중편은 남당 한원진의 〈부훈〉, 하편은 조선시대 각 개인 문집의 내용 등에서 뽑은 것들을 실었다. 상편과 하편의 배열은 『소학』의 방식을 따랐다. 그리하여 입교, 명륜, 통론, 경신 등으로 항목을 설정하여 그에 부합하는 내용들을 넣었다.

상편은 입교, 명륜, 경신 등 하위 항목으로 나누고 모두 38개 내용을 실었다. 『소학』 가운데 여성에게 교훈이 될 만한 가언들과 모범으로 삼기에 적합한 여성들의 행적을 골라 실었다. 『예기』의 〈내칙〉, 공자의 말, 사마광의 말, 〈안씨가훈〉 등의 내용을 중심으로 뽑았다. 여성의 행적들 가운데에서는 태임(太妊)의 태교, 맹자 어머니의 자식 교육, 여형공의 아내 장부인, 최산남 할머니 당부인이 시어머니를 젖먹여 모셨던 일, 한나라 진효부의 이야기, 정의종의 아내 노씨가 도적으로부터 시어머니를 지킨 일, 왕손가의 어머니가 왕을 버린 아들을 꾸짖은 일, 최현휘 어머니 노씨가 자식들의 청렴함을 강조했던 일, 극결와 그의 아내 맹광이 서로 공경한 일, 채나라 여자가 병든 남편을 버리지 않았던 일, 공강이 재가하지 않고 절개를 지킨 일, 환소군이 남편을 따라 검소하게 생활한 일, 하후영녀가 재가하지 않은 일, 공보문백의 어머니인 경강이 검소하게 생활하며 몸소 옷감 짜기를 실천한 일, 봉천의 두씨 딸들이 절개 지킨 일, 유공작 부인 한씨의 검소함 등의 일화를 골랐다.

하편에서는 속입교, 속명륜, 속통론, 속경신 등의 하위 항목으로 나누었고, 조선시대 각 개인 문집 실린 여성 관련 기록 가운데 모범이 될 만한 행적만을 가려내어 실었다. 동일한 인물일지라도 입교에 적합한 행적, 경신에 적합한 행적만을 따로 떼어내 서술하였다. 이를테면, 민진후의 아내인 연안 이씨의 행적은 속입교에서 1건, 속명륜에서 2건, 속경신에서 1건을 서술했다. 그런데 이것들은 모두 이재(李縡)의 『도암집』에 있는 〈백구모정경부인연안이씨행장(伯舅母貞敬夫人延安李氏行狀)〉에 있다. 즉 한 편의 글을 각 항목 성격에 맞게 분할하여 서술한 것이다. 다만 호칭을 제외하고는 되도록 원작자의 문장을 개삭(改削)하지 않고 그대로 전사(轉寫)하는 방식으로 썼다. 하편은 35여 명, 41개 일화로 구성되어 있다.

항목	인물	인물 관계
續立敎	풍산 심씨	沈守慶 딸, 曹景仁 아내
	안동 김씨	南有容 아내, 南公轍 어머니
	여흥 민씨	閔維重 여동생, 鄭普衍 아내
	여흥 민씨	閔維重 딸, 李晩昌 아내, 李縡 어머니
	전주 최씨	李恒福 어머니
	해주 오씨	吳斗寅 딸, 金令行 아내
	연안 이씨	閔鎭厚 아내

항목	인물	인물 관계
續明倫	성주 이씨	李悅 딸, 洪萬選 아내
	남양 홍씨	洪翼漢 딸, 沈益善 아내
	안동 김씨	金時發 딸, 李維 아내
	전주 이씨	李頤命 딸, 金信謙 아내
	상산 김씨	李性之 아내, 李健命 며느리
	창녕 조씨	李勉之 아내, 曹命宗 여동생
	함양 박씨	韓元震 어머니
	진주 정씨	李鳳祥 어머니
	이씨	金權 부실
	상주 황씨	吳斗寅 아내
	창녕 성씨	李世雲 아내, 李宜哲 어머니
	경주 이씨	權燮 아내, 權尙夏의 從子婦
	연안 이씨	閔鎭厚 아내
	용인 이씨	申命和 아내, 李珥 외조모
	창녕 성씨	李宜哲 어머니
	청송 심씨	金時傑 아내
	광주 김씨	尹慤 아내
	여산 송씨	沈誢 아내
	여산 송씨	朴重洪 아내
	경주 김씨	鄭鎭 아내, 金彦豪 누나
	전주 최씨	李恒福 어머니
	반남 박씨	金昌集 아내
	연안 이씨	閔鎭厚 아내
	진주 강씨	尹光演 아내
	의성 이씨	李晦章 아내, 李恒老 어머니
續通論	함양 여씨	李思膺 아내
	초계 정씨	金琜 아내, 金悌南 며느리
	광주 김씨	李萬稷 아내
	고흥 유씨	宋克己 아내, 宋愉 어머니
		閔垶 집안 여자들 *강화도에서 모두 자결

항목	인물	인물 관계
續敬身	진주 강씨	尹光演 아내
	연안 이씨	閔鎭厚 아내
	여흥 민씨	李縡 어머니
	은진 송씨	金好德 아내

속입교는 태교 및 자식교육, 훈계의 내용들을 실었다. 민유중의 딸의 경우 남편이 일찍 죽자 아들 이재의 교육을 시숙인 이만성에게 맡겼다. 이만성은 회초리를 쳐가며 혹독하게 공부시켰는데 민씨는 오히려 그것을 달갑게 여겼다. 이처럼 남편이 나이가 많거나 일찍 죽어 아들을 교육할 여건이 안 좋은 상황에서 강한 마음으로 아들 공부를 뒷바라지했던 일들을 부각하였다.

속명륜에서는 친정 및 시댁에 대한 효성, 남편에 대한 헌신, 나라와 임금에 대한 충심, 남편의 교유에 힘을 실어주었던 일 등을 중심 내용으로 실었다.

남양 홍씨는 홍익한 딸인데 그녀가 어릴 때 홍익한이 심양에서 죽자 당시 정승이었던 심지원이 며느리로 삼은 인물이다. 그녀는 아버지 제사를 직접 챙기며 묘역을 정비했을 뿐 아니라 여기저기 흩어져 있던 홍익한의 글들을 모아 문집으로 엮었다. 김시발의 딸은 아버지가 사화에 연루되어 거의 죽을 지경에 이르렀을 때 온갖 고생을 하며 구명활동을 하여 아버지를 살려냈다.

상산 김씨는 이성지와 결혼, 창녕 조씨는 이면지와 결혼하여 둘다 이건명의 며느리가 되었다. 이건명은 노론 4대신의 한 명이었다. 신임사화로 인해 이건명과 이면지가 죽자 상산 김씨는 이들의 시신을 거두어 이씨 집안의 명맥이 이어지게 했고 심지어 자신을 길러준 숙부가 이건명을 처벌해야한다고 주장했던 일 때문에 인연을 끊어버리기도 하였다. 창녕 조씨는 신임사화 때 소론이 주관한 과거에 친정오빠가 응시했다는 이유로 만나주지 않았다.

신명화의 아내 이씨는 남편이 아팠을 때 기도하며 극진한 정성으로 병 시중을 들어 남편을 낫게 했고, 박중홍의 아내는 남편을 죽이러 온 도적들을 온몸으로 막아냈다.

심현의 아내 여산 송씨는 병자호란 때 강화도가 함락되자 남편과 함께 순절했다. 윤광연의 아내 강씨-강정일당은 가난했지만 남편의 손님들에게 극진히 대접했고, 이회장 부인은 손님에게 각각 따뜻한 밥을 해먹여 '하룻밤에 열 번 밥짓는 집'이란 별명도 얻었다. 이처럼 속명륜은 유교의 삼강오륜을 실천한 행적들을 부각하였다.

속통론에서는 고난을 극복, 남편에 대한 수절, 전쟁 중에 순절한 행적들을 중심으로 서술했다. 초계 정씨는 김래와 결혼하여 인목대비와 올케 시누이 사이가 되었다. 시누이인 인목대비가 폐위었을 때 남편이 죽고 시어머니 노씨가 제주도로 귀양 가 집안이 몰락하였다. 그러나 시어머니를 끝까지 봉양하고 지켰고 인목대비가 복위하게 되자 극진한 대접을 받았다.

속경신은 처신을 잘한 여성들의 일화를 중심으로 서술했다. 우암 송시열의 고모인 송씨는 피난할 때 적으로부터 자신을 지키기 위해 노력했고, 이재의 어머니 여흥 민씨는 부마인 며느리의 친정오빠가 주는 물건이 궁중의 것이므로 자신의 신분에 맞지 않는다고 하면서 사양하였다.

이처럼 『규범』은 『소학』으로부터 시작하여 여성이 지켜야 할 도덕적 항목을 제시하면서 중국 여성의 모범을 보여주었고, 〈부훈〉을 통해 규범을 구체적으로 제시하고 있으며, 하편에서는 각 도덕적 항목에 부합하는 조선 여성의 행적을 제시하고 있다.

3. 『규범』의 성향 및 의의

김복한의 『규범』은 학맥적으로 볼 때 대체로 기호학파-호론의 영역에 놓을 수 있다. 『규범』에는 한원진의 〈부훈〉이 원문 그대로 실려 있다. 이는 한원진에 대한 김복한의 인식을 보여주는 것이다. 한원진은 이이-송시열-권상하의 학맥을 계승하면서 기호학파-호론을 강조하였다. 김복한의 한원진으로부터 직접 가르침을 받지는 않았지만 자신을 한원진의 문도로 여겼고, 학문적으로 기호학파이며 인물성이론을 강조하는 호론 학맥에 자신을 편입시켰다. 이는 그가 한원진의 〈부훈〉을 『규범』에 그대로 전사하여 넣은 데에서도 그 존경의 정도를 가늠할 수 있다.

한편, 『규범』을 편찬하기 위해 참조한 문집의 저자와 『규범』에서 모범적으로 제시된 여성들은 거의 당시 노론 가문에 속했던 인물들이다. 김복한 자신이 김상용의 후손이었으므로 노론 가문에 속했다. 이왕이면 자신이 속한 정치 집단 문인들의 글을 선택하는 것이 좋았을 터이다. 그리하여 이재, 권상하, 송시열, 이동윤, 김창집과 김창흡 등의 문집에서 글을 뽑았다. 송시열은 노론의 영수로 일찍이 인정받았고 김창집과 김창흡은 대표적인 노론으로 지목되어 그 집안 사람들이 사화로 희생되는 불운을 겪었다.

노론 문인들의 글을 참조함으로써 모범으로 제시된 여성은 당연히 노론 가문에 속한 인물이었다. 민진후의 아내인 연안 이씨, 송시열

가문의 여성들-송극기의 아내 고흥 유씨, 송시열의 고모 송씨-, 민유중의 딸, 이이명의 딸, 이건명의 며느리였던 상산 김씨와 창녕 조씨 등이 대표적이다. 이런 점에서 볼 때 『규범』은 여성을 훈육하기 위한 규범서였지만 동시에 노론 가문 여성들의 행적을 드러내려는 의도가 있는 텍스트라는 성격을 지니고 있다고 할 수 있다.

그러나 다른 측면에서 볼 때 『규범』에 모범으로 제시된 인물은 조선에서 살았던 여성들이었다. 이는 동시대 다른 여성 규범서와는 다른 면모이다. 당시 여성 규범서들에 나오는 모범 여성들은 대체로 『소학』에 언급된 인물이었으므로 거의 중국 여성들이었다. 여성 규범서에서 조선 여성을 모범으로 내세우는 일이 보편적이지 않았던 때문이다. 하지만 김복한은 『규범』에서 과감히 조선 여성을 내세움으로써 규범의 사례를 이른 바 '조선화'하고 있다. 이런 면에서 볼 때 『규범』은 중국의 여성 규범서를 그대로 답습하는 데에서 벗어나 조선만의 독자적인 규범서를 편찬하려는 주체적이고 민족주의적 성격을 지닌 여성 규범서라고 할 수 있을 것이다.

규범 범례

1. 이 글은 오로지 부인들을 위해 기술하였다. 그러므로 다만 부인들이 마땅히 스승으로 삼고 법으로 삼아야할 것들을 취했다.

2. 『소학』 가운데 부인들에 관한 내용을 취하여 상편으로 삼았고, 남당 한선생께서[1] 지으신 〈부훈(婦訓)〉을[2] 중편으로 삼았으며, 우리나라 각 집안 부인들의 아름다운 말, 착한 행실 등을 모아 하편으로 삼았다.

3. 『소학』에서 모은 것들은 또한 입교, 명륜, 경신 등과 같은 차례에 의거했다. 내편과 외편을 합하여 모두 몇 개의 조목에 그칠 뿐이다. 만약 『소학』의 편찬 방식에 의거하여 편찬한 즉 따로 내외편으로 조목을 나눌 수 없었으므로 내편과 외편을 합하고 각각 입교 이하 각 조목에 나누어 속하게 했다. 그러나 명륜의 붕우에는 해당되는 조항이 없어 뺐다. 경신에 이르러서는 가히 서술할 만한 것이 없어 계고와 선행 가운데에서 가히 좌우로 볼 만한 것 몇 가

---

1) 남당 한원진(南塘 韓元震:1682~1751, 숙종 8~영조 27): 본관은 청주(淸州). 자는 덕소(德昭), 호는 남당(南塘). 아버지는 한유기(韓有箕)이며, 어머니는 박숭부(朴崇阜)의 딸이다. 권상하(權尚夏) 문인. 강문팔학사(江門八學士) 중 한 사람이다. 호락논쟁(湖洛論爭)에서 호론(湖論)인 인물성이론(人物性異論)을 주장하였다. 1717년(숙종 43) 학행으로 추천되어 영릉참봉이 되었고, 1721년(경종 1)에 신임사화로 노론이 실각하자 사직하였다. 시호는 문순(文純)이다. 저서로는 『남당집』이 있으며, 『임시취고(臨時取考)』·『경의기문록(經義記聞錄)』 등을 편찬하였다.

2) 부훈(婦訓): 한원진이 저술한 〈한씨부훈(韓氏婦訓)〉을 가리킨다.

지를 뽑아 경신의 예와 같이 하였다. 그리하여 매우 참람하고 외람되며 또한 각 차례들이 혹 소학의 원래 편차와 다르기도 한데 이는 대개 부인들을 위해 서술하였기 때문이다. 보는 자들이 너그럽게 봐 주기를 바란다.

4. 『소학언해』의[3] 방언은 듣고 의심스러움이 있는 것들은[4] 대략 변통하여 부인들이 외우는 데에 편리하게 하였다.

5. 〈부훈〉의 조례는 다만 선생이 기술한 바를 그대로 따랐을 뿐이고 『소학』의 편찬 형식의 예를 따르지 않았다.

6. 〈부훈〉을 언문으로 번역한 것은 오로지 본문에 의하였으므로 혹 부인들이나 어린이들 마음에 다만 장황하고 억지로 부회하는 것이 없을 수 없을 것이다. 그러나 또한 문장을 벗어나 뜻을 풀이할 수 없어서 그렇게 하였다. 여러 차례 반복하여 외우면 아마 그 뜻을 알 수 있을 것이다.

7. 하편에 엮은 것은 모두 우리나라 여러 사람들의 문집에서 나온 것이다. 아무개의 처, 아무개의 어머니, 조모(祖母) 등과 같이 말한 것은 곧 편집하여 쓴 이가 그 속칭을 표시한 것이다. 그 아래에 원래의 문집에 있는 본문을 간단하게 취하였다.

8. 하편의 차례 또한 소학의 예를 모방하였다. 그러나 실어 놓은 것이 넓지 못하고 수집한 것이 다 갖추어지지 못했기 때문에 그 차

---

3) 소학언해: 1587년(선조 20) 간행. 『소학(小學)』을 언해한 책. 『소학』이 조선에 들어온 후 중종 때에 『번역소학(飜譯小學)』이 처음 간행되었지만 의역(意譯)이 많았다. 선조 때에 직역(直譯)을 원칙으로 하여 『소학언해』을 간행했다. 이산해(李山海)가 발문을 섰다.

4) 듣고 의심스러움[聽瑩]: 듣고서 의혹스러워한다는 의미.

례 또한 일일이 예에 준하지 못하였다.

閨範凡例

一. 此書專爲婦人, 而記述. 故只取其婦人之所當師法者而已.

一. 取小學之及於婦人者 爲上篇, 以南塘韓先生婦訓, 爲中篇, 輯我東諸家
婦人之嘉言善行, 爲下篇.

一. 取於小學者, 亦依立敎明倫敬身之次. 合內外篇 止有若干條而已. 若
依小學所編而編之. 則別無可分於內外篇之條例, 故合內外篇而分屬於
立敎以下諸例. 然明倫之朋友無條者, 闕之. 及敬身之無所可述者, 敢
就稽古與善行中數條之可以左右看者, 擬之於敬身之例. 而極涉僭猥,
且所擬諸倫之敍次, 或非小學原篇之次者, 盖緣於爲婦人而記述故也.
覽者恕之.

一. 小學諺解之方言, 有所聽瑩者, 略加變通以便於婦人之誦說.

一. 婦訓中條例, 只遵先生所述而已, 不爲遵擬於小學所編之例.

一. 婦訓之諺釋, 專依本文 故或於婦孺之心, 只不無張皇牽强. 而亦不可離
文解義故也. 屢回誦說則庶可會意.

一. 下篇所輯, 盖出於我東諸家文集. 而婦人之係於某人之妻及某人之母若
祖母云者, 則輯書者之標其屬稱也. 其下則節取原集之本文也.

一. 下篇所次, 亦倣小學之例. 而載籍不廣蒐輯未備 故其所擬倫, 亦未得一
一準例云.

규범 상편(閨範上篇)

『열녀전』에서1) 말하기를,

옛날에는 부인이 임신하면 잠잘 때에는 옆으로 눕지 않고, 앉을 때에는 가장자리에 앉지 않았으며 서 있을 때에는 한쪽 발로 서지 않았다. 바르지 않은 음식을 먹지 않았고 반듯하게 썬 것이 아니면 먹지 않았고 반듯한 자리가 아니면 앉지 않았다. 눈으로는 사특한 색을 보지 않고, 귀로는 음란한 소리를 듣지 않았다. 밤이 되면 장님에게 시를 읊게 하고 올바른 일을 말하도록 하였다. 이렇게 하고 자식을 낳게 되면 그 모습이 바르고 재주가 보통 사람보다 뛰어나게 된다.2)

....

1) 열녀전(列女傳): 한나라 유향(劉向)이 지은 책. 여성들의 행적을 모아 놓은 것으로 「모의전(母儀傳)」, 「현명전(賢明傳)」, 「인지전(仁智傳)」, 「정순전(貞順傳)」, 「절의전(節義傳)」, 「변통전(辨通傳)」, 「얼폐전(孼嬖傳)」 등의 항목으로 나누어 서술했다.
2) 이 내용은 『소학』 권1 〈입교〉에 있다.

閨範 上篇

列女傳曰, 古者婦人妊子, 寢不側坐不邊立不跛. 不食邪味, 割不正不食, 席不正不坐. 目不視邪色, 耳不聽淫聲. 夜則令瞽誦詩道正事. 如此則生子, 形容端正才過人矣.

〈내칙(內則)〉에서3) 말하기를,

무릇 자식을 낳으면 여러 어머니들 가운데 가히 맡길 만한 사람을 가려 뽑는데 반드시 너그럽고 여유 있으며 자혜롭고 온화하고 어질며, 공손하고 삼가면서 말이 적은 자를 구하여 자식의 스승으로 삼아야 한다. 자식이 능히 먹을 수 있으면 오른손으로 먹도록 가르치고, 말을 할 줄 알게 되면 남자아이는 빨리 대답하고 여자아이는 천천히 대답하도록 한다. 남자아이는 가죽 띠로 하고 여자아이는 실로 된 띠로 한다.

여섯 살이 되면 숫자와 방위의 명칭을 가르친다. 일곱 살이 되면 남자와 여자가 자리를 함께 하지 않으며 함께 먹지 않는다. 여덟 살이 되면 문을 드나들거나 자리에 나아가고 음식을 먹을 때에는 반드시 어른보다 뒤에 하도록 하여 비로소 겸양함을 가르친다. 아홉 살이 되면 날짜 세는 법을 가르치고 열 살이 되면 밖에 나가지 않는다.

여자 스승은 상냥하고 몸가짐을 부드럽게 하도록 하여 다른 이의 말을 듣고 그에 따르도록 가르친다. 삼을 다루고 누에고치와 실을 다루며 베 짜고 실을 꼬아 여자의 일을 배워 의복을 마련하게 한다. 제

....

3) 내칙(內則): 『예기(禮記)』의 편명.

사지내는 일을 살피고 술과 장, 변두(籩豆)⁴⁾, 김치, 젓갈 등을 올려 예를 돕고 제수를 올리게 한다.

열다섯 살이 되면 계례(笄禮)를⁵⁾ 치르고, 스무 살이 되면 시집간다. 부모가 돌아가시어 갑자기 상(喪) 치를 일이 생기면 스물세 살에 시집간다. 예를 갖추어 맞이하면 처가 되고 그냥 따라가면 첩이 된다.⁶⁾

內則曰, 凡生子, 擇於諸母與可者, 必求其寬裕慈惠溫良恭敬愼而寡言者, 使爲子師. 子能食食敎以右手, 能言男唯女兪, 男鞶革, 女鞶絲.

六年敎之數與方名. 七年男女不同席, 不共食. 八年出入門戶及卽席飮食, 必後長者, 始敎之讓. 九年敎之數日, 十年不出.

姆敎婉娩聽從. 執麻枲, 治絲繭. 織紝組紃, 學女事, 以共衣服. 觀於祭祀, 納酒漿籩豆菹醢, 禮相助奠.

十有五年而笄, 二十而嫁. 有故二十三而嫁. 聘則爲妻, 奔則爲妾.

태임(太妊)은 문왕(文王)의⁷⁾ 어머니이며 지임씨(摯任氏)의 둘째 딸이다. 왕계(王季)가⁸⁾ 그녀에게 장가들어 왕비로 삼았다. 태임의

....

4) 변두(籩豆): 변(籩)은 과일을 담는 제기(祭器)이며 두(豆)는 국 같은 음식을 담는 제기이다. 따라서 제기를 의미한다.
5) 계례(笄禮): 여자가 쪽을 찌어올리고 비녀를 꽂는 의례. 여성의 성인식에 해당되는데 일반적으로 15세가 되면 계례를 행했다.
6) 『소학』권1 〈입교〉에 있다.
7) 문왕(文王): 주문왕을 가리킨다. 성은 희(姬), 이름은 창(昌). 아버지는 계력(季歷), 어머니는 태임(太妊). 은나라 말기에 서백(西伯)이었고 아들인 무왕이 주나라를 세우고 나서 문왕으로 높였다.

성품은 단정하고 한결같았고 정성스러웠으며 장중하여 오로지 덕만 행하였다. 문왕을 임신했을 때 눈으로는 사악한 색을 쳐다보지 않았고, 귀로는 음란한 소리를 듣지 않았으며 입으로는 오만한 말을 하지 않았다. 문왕을 낳으니 총명하고 사물의 이치에 통달하여 태임이 하나를 가르치면 백 가지를 알았다. 마침내 주나라의 으뜸이 되었다. 그리하여 군자가 이르기를 태임이 능히 태교를 잘하였다고 하였다.[9]

> 太任, 文王之母. 摯任氏之中女也. 王季娶以爲妃. 太任之性, 端一誠莊, 惟德之行. 及其娠文王, 目不視惡色, 耳不聽淫聲, 口不出敖言. 生文王而明聖, 太任教之以一而識百. 卒爲周宗. 君子謂太任爲能胎教.

맹가(孟軻)의 어머니 집은 묘지와 가까웠다. 맹자가 어렸을 때 무덤 사이에서 행하는 일로 장난삼아 놀면서 뛰고, 무덤 쌓는 놀이를 했다. 맹자 어머니는

"이 곳은 아들이 살 곳이 아니구나."

라고 하면서 곧 시장 근처로 이사 갔다. 그러나 맹자는 물건을 사고 파는 놀이를 했다. 맹자 어머니는

....

8) 왕계(王季): 주나라 사람. 성의 희(姬), 이름은 계력(季歷). 아버지는 주나라 태왕(周太王) 고공단보(古公亶父), 어머니는 태강(太姜). 고공의 막내아들이며 그 위로 태백(太伯), 우중(虞仲) 두 형이 있다. 태임과 결혼하여 주 문왕 창(昌)을 낳았다.
9) 『소학』권4 〈계고-입교〉에 있다.

"이 곳은 아들이 살 만한 곳이 아니구나."

라고 하면서 학궁 근처로 이사 갔다. 그러자 맹자는 제기를 벌여 놓고 읍양하며 나아가고 물러가는 놀이를 하였다. 맹자 어머니는

"이곳이야말로 아들이 살 만한 곳이구나."

라고 하면서 계속 살았다.
　맹자가 어렸을 때 묻기를

"동쪽 집에서 돼지를 잡는데 무엇하려고 하는가요?"

어머니가 말하기를

"네게 먹이려고 한다."

고 대답하고서 얼마 있다가 후회하면서

"옛날에는 태교함이 있다고 들었는데 지금 아이가 지각이 있는데 속였으니 이는 불신을 가르친 것이다."

라고 했다. 그리고서 돼지고기를 사서 먹였다.[10]

....
10) 『소학』권4 〈계고-입교〉에 있다.

孟軻之母, 其舍近墓. 孟子之少也, 嬉戲爲墓間之事, 踊躍築埋, 孟母曰, 此非所以居子也. 乃去舍市. 其嬉戲爲賈衒, 孟母曰, 此非所以居子也. 乃徒舍學宮之旁. 其嬉戲乃設俎豆, 揖讓進退, 孟母曰, 此眞可以居子矣. 遂居之. 孟子幼時, 問東家殺猪何爲. 母曰, 欲啖汝. 旣而悔曰, 吾聞古有胎敎. 今適有知而欺之, 是敎之不信. 乃買猪肉, 以食之.

여형공(呂榮公)의[11] 아내인 장부인은 대제인 장온지(張昷之)의[12] 어린 딸이다. 가장 사랑했지만 평상시에 아주 자잘한 일일지라도 가르칠 때에는 반드시 법도가 있었다. 그리하여 음식 같은 것에 대해 밥과 국은 다시 더하는 일은 허락하였지만 생선과 고기 등은 다시 올리지 않게 하였다.

장공이 하북도전운사(河北都轉運使)[13]가 되었을 때 부인이 여씨에게 시집갔다. 부인의 어머니는 신국부인(申國夫人)의[14] 언니였다. 하루는 딸을 만나러 갔다가 집 뒤에 솥들이 걸려 있을 것을 보고 크

....

11) 여형공(呂榮公: 1039~1116): 북송의 학자. 이름은 여희철(呂希哲), 자는 원명(原明), 북송 때의 명신이었던 여공저(呂公著)의 맏아들이다. 형양군공(滎陽郡公)에 봉해졌으므로 형공이라 불렀다.

12) 장온지(張昷之: 985~1062): 북송 때의 사람. 자는 景山. 벼슬이 광록경(光祿卿)에 이르렀다. 지방관 업무에 밝고 잘 처리하여 가는 곳마다 칭송이 자자했다. 慶曆 3년(1043) 11월에 하북전운안찰사(河北轉運按察使)가 되었는데 얼마 지나지 않아 범중엄(范仲淹) 등의 상주(上奏)로 인해 파면되었다.

13) 전운사(轉運使): 재정을 관리하는 길의 장관. 당나라 개원(開元) 때에 처음으로 설치 되었는데 물자를 수도 장안으로 수송하는 일을 총감독하는 관리이다.

14) 신국부인(申國夫人): 북송 사람인 여공저(呂公著)부인이다. 장온지와 여공저는 동서사이이고 장온지의 딸은 여공저의 아들인 여희철과 결혼했다.

게 즐거워하지 않았다. 그리하여 신국부인에게 말하기를

　　"어찌하여 어린 아이들이 사사롭게 음식을 만들어 먹게 하여
　　집안 법도를 무너뜨리는가?"

라고 했다. 그 엄격하기가 이와 같았다.[15]

　　위는 『소학』〈입교(立敎)〉이다.

> 呂滎公張夫人, 待制[16]諱昷之之幼女也. 最鍾愛, 然, 居常至微細事, 敎
> 之必有法度. 如飮食之類, 飯羹許更益, 魚肉不更進也. 時張公已爲河北都
> 轉運使矣. 及夫人嫁呂氏, 夫人之母, 中國夫人姊也. 一日來視女. 見舍後
> 有鍋釜之類, 大不樂, 謂中國夫人曰, 豈可使小兒輩私作飮食, 壞家法耶.
> 其嚴如此.
>
> 　右小學立敎

〈내칙〉에 말하기를

　며느리는 시부모 섬기기를 제 부모 섬기는 것과 같이 한다. 닭이
첫 번째로 울면 모두 세수하고 이를 닦으며 머리 빗고 싸매어 비녀를
꽂고 머리를 묶는다. 옷을 입고 띠를 매며, 좌우에 패물을 차고 향주
머니를 매고, 신 끈을 매고 부모와 시부모 계신 곳으로 나아간다. 그

....

15) 『소학』권6 〈선행-실입교(實立敎)〉에 있다.
16) 『소학』에는 待制로 되어 있다.

곳에 이르면 숨기운을 내리고 부드러운 목소리로 옷이 따뜻한지 차가운지 묻고, 편찮으시거나 아프며 가려운 곳이 있으면 조심스럽게 만져드리고 긁어드린다. 나가거나 들어오실 때에는 혹은 앞서기도 하고 혹은 뒤따르기도 하면서 공손하게 부축한다. 하고자하는 것이 있는지 여쭙고 공손하게 드린다. 부드러운 얼굴빛으로 하여 온화하게 하며 부모나 시부모가 반드시 맛보신 뒤에 물러 나온다.

남자로서 아직 관례를 치르지 않았거나 여자로서 아직 계례를 치르지 않은 사람들은 닭이 처음 우는 새벽에 모두 세수하고 이를 닦는다. 머리 빗어 싸매고, 머리카락의 먼지를 털어내고, 총각머리를 한다. 옷깃에 냄새를 없애는 용품을 찬다. 날이 새어 아침이 되면 문안드리며 무엇을 드시는지 묻는다. 만약 이미 드셨으면 물러나오고, 아직 드시지 않았으면 연장자를 도와서 부모님이 식사하는 것을 살핀다.

부모와 시부모의 옷과 이불, 대자리, 깔개, 베개, 안석 등은 옮겨놓지 않고, 지팡이나 신도 다만 공경하여 감히 가까이 하지 않는다. 대접, 밥그릇, 술잔, 물그릇 등은 부모가 잡수시다가 남은 음식을 먹을 때가 아니면 감히 사용하지 않는다. 음식은 잡수시다가 남은 것이 아니면 감히 먹지 않는다.

부모가 계신 곳에 있으면서 명하는 것이 있으면 응대하는데 오직 공손하게 대응한다. 나아가고 물러가며 주선하는 것은 삼가고 조심하며 오르고 내리거나 드나들 때에는 몸을 약간 숙이거나 몸을 약간 치켜세우는 등 각각 법도에 맞게 해야 한다. 감히 구역질, 트림, 재채기, 기침, 하품 기지개 기우뚱하게 서기, 기대어 서기, 흘겨보기 등을 하지 않으며, 침을 뱉거나 코풀기를 함부로 하지 않는다.[17]

內則曰, 婦事舅姑如事父母. 雞初鳴, 咸盥漱, 櫛縰笄總.

衣紳, 左右佩用, 衿纓綦屨. 以適父母舅姑之所, 及所, 下氣怡聲, 問衣燠寒, 疾痛苛癢, 而敬抑搔之. 出入則或先或後, 而敬扶持之. 問所欲而敬進之, 柔色以溫之, 父母舅姑, 必嘗之而後退. 男女未冠笄者, 雞初鳴, 咸盥漱. 櫛縰, 拂髦, 總角, 衿纓, 皆佩容臭. 昧爽而朝, 問何食飲矣. 若已食則退, 若未食則佐長者視具.

父母舅姑之衣衾簟席枕几不傳. 杖屨, 祗敬之, 勿敢近. 敦牟巵匜, 非餕, 莫敢用. 與恒飲食, 非餕, 莫之敢飲食.

在父母舅姑之所, 有命之, 應唯敬對. 進退周旋, 愼齊. 升降出入, 揖遊, 不敢噦噫嚏咳欠伸跛倚睇視. 不敢唾洟.

〈내칙〉에 말하기를

며느리와 효자로서 공경하는 자는 부모와 시부모가 명하면 거스르거나 게을리하지 말아라. 만약 음식을 먹을 때 비록 좋아하는 것이 아닐지라도 반드시 맛보고 기다릴 것이다. 의복을 더해주시면 비록 입고 싶지 않더라도 반드시 입고 나서 기다려야 한다. 일을 더해 맡기거나 다른 사람으로 대신하게 하시면 자신은 비록 그렇게 하고 싶지 않더라도 그에게 주고 그에게 하게 한 이후에 되돌려 받는다.

며느리는 사사로운 재물이 없어야 하고, 사사롭게 저축하는 것이 없으며 사사로운 기물이 없어야 한다. 감히 사사롭게 빌리지 못하며 감히 사사롭게 남에게 주지 못한다. 혹 음식, 의복, 베와 비단, 패물, 수건, 향초 등을 주시면 며느리는 받아서 시부모에게 드린다. 시부모

....

17) 『소학』권2 〈명륜-명부자지친(明父子之親)〉에 있다.

가 받고 기뻐하여 마치 새로 받는 것처럼 여기고, 만약 되돌려 주시면 사양하지만 만약 허락받지 못하면 다시 받은 듯이 하여 잘 간수해 두었다가 기다려야 한다. 며느리가 만약 친정 형제가 있어 사사롭게 그들에게 주고자 한다면 반드시 다시 그 지난 날에 드렸던 것을 청하여 그것을 주시면 그런 연후에 친정 형제들에게 주어야 한다.[18]

> 內則曰, 子婦孝子敬者, 父母舅姑之命, 勿逆勿怠. 若飮食之, 雖不嗜, 必嘗而待. 加之衣服, 雖不欲, 必服而待. 加之事, 人代之, 己雖不欲, 姑與之, 而姑使之, 而後復之.
>
> 子婦無私貨, 無私蓄, 無私器. 不敢私假, 不敢私與. 婦或賜之飮食衣服布帛佩帨茝蘭, 則受而獻諸舅姑. 舅姑受之則喜, 如新受賜, 若反賜之則辭, 不得命, 如更受賜, 藏以待之. 婦若有私親兄弟, 將與之, 則必復請其故, 賜而後與之.

〈내칙〉에 말하기를

시아버지가 돌아가시고 시어머니가 늙었으면 총부(冢婦)는[19] 제사지내고 빈객을 맞이하는 일을 할 때에 매사에 반드시 시어머니께 청하여야 하고 개부(介婦)는 총부에게 청하여야 한다. 시부모가 총부에게 시키면 게을리 하지 말아야 하고 감히 개부에 대해 무례하게 해서는 안 된다. 시부모께서 만약 개부에게 일을 시켰다고 할지라도

....

18) 『소학』권2 〈명륜-명부자지친(明父子之親)〉에 있다.
19) 총부(冢婦): 한 집안의 맏며느리를 가리킨다. 맏며느리 외 다른 며느리들은 개부(介婦)이다.

총부에 대해 맞서서는 안 되며 감히 똑같이 행해서도 안 되고 감히 똑같이 명해서도 안 되고 감히 나란히 앉아서도 안 된다.

무릇 며느리는 명하지 않으면 자기 방으로 가지 않고 감히 물러가지 않는다. 며느리가 장차 무슨 일을 하고자 하면 큰일이든 작은 일이든 모두 반드시 시부모에게 말씀드려야 한다.[20]

> 內則曰, 舅沒則姑老, 冢婦所祭祀賓客, 每事必請於姑, 介婦, 請於冢婦. 舅姑使冢婦, 毋怠. 不敢無禮於介婦. 舅姑, 若事介婦, 毋敢敵耦於冢婦. 不敢並行, 不敢並命, 不敢並坐.
>
> 凡婦不命適私室, 不敢退. 婦將有事, 大小必請於舅姑.

사마온공(司馬溫公)이[21] 말하기를

"부모가 돌아가시면 부인은 중문 안 별실에 상차를 마련하고 장막, 이부자리, 화려한 물건을 거두어 치운다. 남자는 연고 없이 중문 안에 들어가지 않으며 부인은 갑자기 남자의 상차에 가지 않는다."[22]

....

20) 『소학』권2 〈명륜·명부자지친(明父子之親)〉에 있다.

21) 사마온공(司馬溫公): 사마광(司馬光, 1019년~1086년). 자는 군실(君實)이고, 호는 우수(迂叟), 속수선생(涑水先生). 섬주 하현(陝州夏縣, 지금의 산시성) 출신. 온국공(溫國公)에 봉해졌으므로 사마온공(司馬溫公)이라고도 한다. 시호는 문정(文正)이다. 송 신종이 왕안석을 등용하여 신법을 시행하자 이에 대해 반대하여 이른 바 구법파가 되었다. 역사서 『자치통감』, 집안에서 지켜야할 예법을 담은 『거가잡의(居家雜儀)』 등을 저술했다.

司馬溫公曰父母之喪, 婦人次於中門之內別室, 撤去帷帳衾褥華麗之物.
男子無故, 不入中門, 婦人不得輒室男子喪次.

유빈(柳玭)이[23] 말하기를

"최산남(崔山南)의[24] 형제와 자손이 번성했던 일은 향리의 여
러 족속들 가운데서도 견줄 만한 이가 드물 정도였다. 최산남의
증조모 장손부인(長孫夫人)은[25] 나이가 많고 이가 없었다. 할머
니인 당부인(唐夫人)은[26] 효성으로 시어머니를 모셨는데 아침
마다 머리를 빗겨 매고서 비녀를 꽂아 주었고, 계단 아래에서 절
하고는 곧 당으로 올라와 시어머니에게 젖을 먹였다. 장손부인
이 쌀밥을 먹지 못한 지 몇 년이 되었으나 강녕하였다. 하루는
병들에 되자 어른과 어린이들을 모두 모아 놓고 선언하기를 '내
가 신부의 은혜에 보답할 길이 없구나. 다만 새 며느리가 자식,
손자를 두었을 때 모두 새 며느리처럼 효성스럽고 공손하다면
최씨 집안이 어찌 창성하고 대성하지 않겠느냐.'고 했다."[27]

....

22) 『소학』권5 〈가언-광명륜〉에 있다. 『소학』에서는 '사마온공왈'이라는 구절이 없다.
23) 유빈(柳玭) : ?~895년. 만당(晚唐) 때의 관료. 할아버지는 유공작(柳公綽) 아버
   지는 유중정(柳仲郢). 어사대부, 광주절도부사,상서우승 등을 역임했다. 『속정
   릉유사『續貞陵遺事』』를 저술했고 가훈을 지어 후손들을 경계했다고 하며 현재
   『유씨가훈』이라고 전해진다.
24) 최산남(崔山南) : 이름은 관(琯)이며 산남서도절도사를 지냈기 때문에 산남(山
   南)이라고도 불린다. 박릉(博陵-지금의 하북지역)에서 태어났다.
25) 장손부인(長孫夫人) : 최산남의 증조모이며 최준(崔俊)의 아내.
26) 당부인(唐夫人) : 최산남의 할머니, 최의(崔懿)의 아내.

柳玭曰, 崔山南昆弟子孫之盛, 鄕族罕比. 山南曾祖王母長孫夫人, 年高無齒, 祖母唐夫人, 事姑孝, 每旦櫛縰笄, 拜於階下, 卽升堂, 乳其姑. 長孫夫人, 不粒食數年而康寧. 一日疾病, 長幼咸萃. 宣言無以報新婦恩. 願新婦有子有孫, 皆得如新婦, 孝敬, 則崔之門, 安得不昌大乎.

한나라 진효부(陳孝婦)는 열여섯 살에 시집갔다. 아직 자식이 없었는데 그 남편이 변방으로 수자리를 지키러 가게 되었다. 남편이 떠날 때 효부에게 부탁하기를

"내가 살 수 있을지 죽을지 알 수 없구려. 다만 나이 드신 어머님이 계신데 봉양할 다른 형제가 없구려. 내가 돌아오지 못하면 당신이 어머니를 잘 봉양해주겠소?"

라고 했다. 효부는 그렇게 하겠다고 승낙했다.

그 남편이 과연 죽어 돌아오지 못하게 되었지만 효부의 시어머니 봉양은 덜해지지 않았고 자애가 더 굳세어졌다. 길쌈질, 베짜기 등을 집안 생계로 삼았고 끝내 다시 시집가고자 하는 마음이 없었다. 삼년 상을 다 치르자 그 부모는 딸이 어린 나이에 자식도 없고 일찍 과부가 된 것을 애달파하여 다른 데로 시집보내려고 했다. 효부는

"남편이 떠날 때 제게 늙으신 어머니 봉양을 부탁했고 제가 이미 승낙했습니다. 무릇 다른 사람의 늙은 어머니를 봉양하면서 끝까지 마치지 못하고 그 일을 하겠다고 승낙하고서 신의를

27) 『소학』권6 〈선행-실명륜〉에 있다.

지키지 않으면 어떻게 세상에서 살아갈 수 있습니까?"

라고 하였다. 그리고 스스로 죽으려고 하므로 그 부모가 두려워서 감히 시집보내지 못했고 결국 그 시어머니를 봉양하게 했다. 28년 간 봉양했는데 시어머니는 나이 80여 세로 천수를 누리고 죽었다. 그 때 효부는 가지고 있던 밭과 집, 재물을 모두 팔아 장사지내고 끝까지 제사를 받들었다. 회양태수가 이 일을 조정에 알리자 사자를 시켜서 황금 40근을 하사했고, 복호(復戶)[28]하여 일생동안 부역에 참여할 것을 없애주었고 '효부'라고 불렀다.[29]

> 漢陳孝婦年十六而嫁, 未有子, 其夫當行戍, 且行時屬孝婦曰, 我生死未可知. 幸有老母, 無他兄弟備養. 吾不還, 汝肯養吾母乎. 婦應曰, 諾.
>
> 夫果死不還, 婦養姑不衰, 慈愛愈固. 紡績織紝, 以爲家業, 終無嫁意. 居喪三年, 其父母哀其少無子, 而早寡也, 將取嫁之. 孝婦曰, 夫去時, 屬妾以供養老母, 妾旣許諾之. 夫養人老母, 而不能卒, 許人以諾, 而不能信, 將何以立於世. 欲自殺, 其父母懼, 而不敢嫁也, 遂使養其姑. 二十八年姑八十餘, 以天年終. 盡賣其田宅財物, 以葬之, 終奉祭祀. 淮陽太守 以聞, 使使者, 賜黃金四十斤, 復之, 終身無所與, 號曰, 孝婦.

당나라 정의종(鄭義宗)의 아내는 노씨(盧氏)이다. 서사(書史)를 대략 섭렵했고 시부모를 섬김에 며느리로서의 도리를 다하였다. 일찍

....

28) 복호(復戶): 복(復)은 면제한다는 말이며 호(戶)는 호역(戶役)으로 각 호에 부과되던 요역(徭役)이다. 즉 국가를 위한 공적(公的)인 일에 필요한 노동력을 충당하기 위해 국가가 부과했던 국역을 면제해주었다는 말이다.
29) 『소학』권6 〈선행-실명륜〉에 있다.

이 밤에 강도 수십 명이 몽둥이를 들고 기세를 올리며 떠들썩하게 담을 넘어 들어왔다. 집안사람들이 모두 도망가 숨었는데 오직 시어머니만 방안에 있었다. 노씨는 시퍼런 칼날을 무릅쓰고 가서 시어머니 옆에 이르렀다가 도적들에게 매를 맞아 거의 죽을 지경에 이르렀다. 도적들이 떠나간 후 집안 사람들이

"어째서 혼자 무서워하지 않는지요."

하고 물었다. 노씨는

"사람이 금수와 다른 것은 인의(仁義)가 있기 때문입니다. 이웃에 위급한 일이 있을 때에도 오히려 서로 달려가서 도와주는데 하물며 시어머니와 관련된 일인데 가히 내버려둘 수 있겠습니까? 만일 위험한 화가 닥치면 어찌 혼자만 살겠습니까?"

라고 대답했다.[30]

唐鄭義宗妻. 盧氏略涉書史, 事舅姑, 甚得婦道. 嘗夜有强盜數十, 持杖鼓譟, 踰垣而入. 家人悉奔竄, 惟有姑自在室. 盧冒白刃, 往至姑側, 爲賊捶擊, 幾死. 賊去後家人問, 何獨不懼. 盧氏曰, 人所以異於禽獸者, 以其有仁義也. 隣里有急, 尙相赴救, 况在於姑, 而可委棄乎. 若萬一危禍, 豈宜獨生.

....

[30] 『소학』권6 〈선행-실명륜〉에 있다. 정의종 처 이야기는 『구당서』〈열녀전〉에서 있다. 그녀는 범양(范陽)의 사족 출신이었다. 『구당서』에서는 시어머니의 말이라고 하면서 "세한(歲寒)이후에 소나무 잣나무가 늦게 시든다고 하더니 내가 이제 며느리의 마음을 알게 되었다."라고 노씨를 평가했다.

왕손가(王孫賈)는 제나라 민왕을 섬겼다. 왕이 도망가자[31] 왕손가
는 왕이 간 곳을 알지 못했다. 그 어머니가 말하기를

"네가 아침에 나갔다가 저녁 늦게 돌아오면 나는 문에 기대어
멀리 바라보고 네가 저녁 때 나가서 돌아오지 않으면 나는 마을
어귀에 서서 기다렸다. 너는 지금 왕을 섬기면서 왕이 달아나 어
디로 간지 모르는데 어찌하여 오히려 집으로 돌아왔느냐?"

고 하였다.[32]

王孫賈事齊閔王. 王出走, 賈失王之處. 其母曰, 女朝去而晚來, 則吾倚
門而望. 女莫出而不還, 則吾倚閭而望. 女今事王, 王出走, 女不知其處, 女
尚何歸.

최현위(崔玄暐)의[33] 어머니는 노씨이다. 일찍이 현위에게 말하기를

....

31) 이 때 연(燕)나라 장수 악의(樂毅)가 제나라를 공격했을 때 제나라 수도인 임치
   (臨淄)가 함락되자 민왕은 위(衛), 노(魯), 추(鄒) 등의 나라로 도망 다녔다. 나
   중에는 제나라 거읍(莒邑)으로 돌아와 초나라에 구원을 청하였지만 초나라 장
   수인 요치(淖齒)에 의해 살해되었다.
32) 『소학』권4 〈계고-명륜〉에 있다.
33) 최현위(崔玄暐): 639년~706년. 이름은 엽(曄), 현휘는 자(字)이다. 당나라 측천
   무후 때의 관리. 당시 장역지(張易之), 장창종(張昌宗) 등이 전횡하자 장간지
   (張柬之) 경휘(敬暉), 환언범(桓彦範) 등과 함께 정변을 일으켜 이들을 죽이고
   중종을 복위시켰다.

"내 이종오빠인 둔전낭중 신현어(辛玄馭)를 만났는데 그가 말하기를 '자식이 벼슬살이 하고 있는데 누군가가 와서 가난하여 거의 살 수 없는 형편이라고 말하면 이는 매우 좋은 소식이다. 만약 재화가 충족하고 옷이 가벼우며 말이 살졌다는 소리를 들으면 이는 나쁜 소식이다.'라고 하더구나. 나는 그것이야말로 정확한 논의라고 생각 했었다. 친척 가운데 벼슬살이 하는 이가 돈과 물건을 가져와 그 부모에게 바치면 부모는 다만 기뻐할 줄만 알지 끝내 그것이 어디에서 온 것인지 묻지 않는다. 반드시 이것이 녹봉을 아껴 쓴 나머지라면 진실로 또한 아주 좋은 일이다. 하지만 만약 도리가 아닌 것으로 얻은 것이라면 이는 도적과 같을 뿐 무엇이 다르겠느냐? 설령 큰 질책을 받지 않더라도 오직 마음 속으로 부끄럽지 않겠느냐?'

라고 했다. 현위가 그 가르침과 훈계를 따라 청렴하고 근신하여 칭송받았다.[34]

崔玄暐母盧氏. 嘗誡玄暐曰, 吾見姨兄屯田郎中辛玄馭. 曰, 兒子從宦者, 有人來云, 貧乏不能存. 此是好消息, 若聞貲貨充足, 衣馬輕肥. 此惡消息. 吾嘗以爲確論. 比見親表中仕宦者, 將錢物, 上其父母, 父母但知喜悅, 竟不問此從可而來. 必是祿俸餘資, 誠亦善事. 如其非理所得, 此如盜賊何別. 縱無大咎, 獨不內愧於心. 玄暐遵奉教誡, 以淸謹見稱.

34) 『소학』권6 〈선행-실명륜〉에 있다

왕촉(王蠋)이[35] 말하기를

"충신은 두 임금을 섬기지 않고, 열녀는 두 지아비를 새로 맞아들이지 않는다."

라고 했다.[36]

王蠋曰, 忠臣不事二君, 烈女不更二夫.

〈곡례〉에 이르기를

남녀 사이에 중매가 오고가지 않으면 서로 이름을 알지 못한다. 폐백을 받는 것이 아니면 서로 사귀지 않고 서로 친근하게 하지 못한다. 그러므로 달과 날짜로써 임금에게 알리고, 목욕제계하고서 귀신에게 알리며 술과 음식을 마련하여 향당의 사람, 동료, 친구들을 초대하여 그 부부간에 유별(有別)함을 두텁게 한다.[37]

曲禮曰, 男女非有行媒, 不相知名. 非受幣, 不交不親. 故日月以告君, 齊戒以告鬼神, 爲酒食以召鄉黨僚友. 以厚其別也.

....

35) 왕촉(王蠋): 춘추전국시대 제(齊) 나라의 신하. 제나라가 거의 망하게 되었을 때 연(燕) 의 장수 악의(樂毅)가 연 나라에 충성할 것을 제안했지만 거절했다.
36) 『소학』권2〈명륜-명부부지별〉에 있다.
37) 『소학』권2〈명륜-명부부지별〉에 있다.

〈사혼례(士婚禮)〉에서 말하기를

아버지가 딸을 시집 보내며 명하기를

"경계하고 공경하여라, 밤낮으로 명령을 어기지 않도록 하여라."

라고 한다. 어머니가 띠를 매어주고 수건을 채워주면서 말하기를

"부지런히 힘쓰고 공경하여라. 밤낮으로 집안일을 어긋남이 없게 하여라."

라고 한다. 서모가 문 안에 이르러서 가죽 주머니를 채워주면서 부모님의 명으로써 거듭 명하기를

"공경하고 공손히 들어서 네 부모님의 말씀을 존경하여 밤낮으로 허물없도록 하며 이 띠와 주머니를 보고 부모님 말씀을 생각하여라."

라고 한다.38)

士昏禮曰, 父送女, 命之曰, 戒之敬之, 夙夜無違命. 母施衿結帨曰, 勉之敬之, 夙夜無違宮事. 庶母及門內, 施鞶, 申之以父母之命, 命之曰, 敬恭聽, 宗爾父母之言, 夙夜無愆, 視諸衿鞶.

....

38) 『소학』권2〈명륜-명부부지별〉에 있다.

『예기』에 이르기를

무릇 혼인의 예는 만세의 시작이다. 서로 다른 성씨를 얻는 것은 소원함을 가까이 붙이고 분별함을 두텁게 하기 때문이다. 폐백은 반드시 정성스럽게 하고, 말이 착하지 않은 것이 없음은 정직하고 신실하게 알리고자 하기 위해서이다. 신실함은 다른 사람을 섬기는 것이고 신실함은 여자의 덕이다. 한번 혼례를 치르고 함께하게 되면 종신토록 고치지 않는 것이니 그렇기 때문에 남편이 죽어도 다시 시집가지 않는다.

남자가 여자를 친히 맞이하며, 남자가 여자 앞에 하는 것은 강함이 부드러움보다 우선한다는 의미이다. 하늘은 땅보다 우선하고 임금은 신하에 우선하니 그 의미는 한가지이다.

폐백을 가지고 서로 보는 것은 공경하여 분별함을 밝히는 것이다. 남자와 여자가 분별함이 있은 연후에 아비와 자식이 친하게 되고, 아비와 자식이 친한 연후에 의리가 생겨난다. 의리가 생겨난 연후에 예가 성립되고 예가 성립된 연후에 만물이 편안해진다. 분별이 없고 의리도 없는 것은 금수의 도이다.[39]

禮記曰, 夫昏禮, 萬世之始也. 取於異姓, 所以附遠厚別也. 幣必誠, 辭無不腆, 告之以直信. 信事人也, 信婦德也. 一與之齊, 終身不改, 故夫死不嫁.

男女親迎, 男先於女, 剛柔之義也. 天先乎地, 君先乎臣, 其義一也.

執摯以相見, 敬章別也. 男女有別, 然後父子親, 父子親, 然後義生, 義生, 然後禮作, 禮作, 然後萬物安. 無別無義, 禽獸之道也.

....
39) 『소학』권2 〈명륜-명부부지별〉에 있다.

〈내칙〉에 이르기를

예는 부부가 서로 삼가는 데서 시작되니 궁실을 지을 때 안과 밖을 구분하여 남자는 밖에서 거처하고, 여자는 안에서 거처한다. 깊숙한 방은 문을 단단히 하고 문 지키는 이가 잘 지키게 한다. 남자는 안채에 들어가지 않고 여자는 바깥채로 나오지 않는다.

남자와 여자는 시렁을 같이 쓰지 않고 여자는 감히 남편의 옷걸이에 자기 옷을 걸지 않으며, 남편의 옷상자에 자기 옷을 넣지 않고, 함께 목욕하지 않는다. 남편이 없을 때 남편의 베개와 옷상자는 잘 치워 놓고 대자리나 돗자리는 주머니에 넣어두며 남편이 사용하는 기물은 잘 간수해둔다.

남자는 집 안의 일에 대해 말하지 않고 여자는 집 바깥의 일에 대해 말하지 않는다. 제사나 상례 때가 아니면 서로 기물을 주고 받지 않는다. 서로 주고 받아야 한다면 여자는 광주리를 사용하여 받고 광주리가 없다면 앉아서 바닥에 놓은 다음에야 가져간다.

안팎이 우물을 함께 쓰지 않고, 함께 목욕하지 않으며 이부자리나 방석을 통용하지 않고, 서로 통하여 빌리는 일을 하지 않고, 남자와 여자는 옷을 통용하지 않는다.

여자가 문 밖으로 나갈 때는 반드시 그 얼굴을 가려야 하며 밤에 다닐 때에는 불을 켜고 촛불이 없다면 그만두어야 할 것이다. 길에서는 남자가 오른쪽으로 다니고 여자는 왼쪽으로 다닌다.[40]

....

40) 『소학』권2 〈명륜·명부부지별〉에 있다.

內則曰, 禮始於謹夫婦, 爲宮室, 辨內外, 男子居外, 女子居內. 深宮固門, 閽寺守之. 男不入, 女不出.

男女不同椸枷, 不敢縣於夫之楎椸, 不敢藏於夫之篋笥, 不敢共湢浴. 夫不在, 斂枕篋, 簟席襡, 器而藏之.

男不言內, 女不言外. 非祭非喪, 不相授器. 其相授則女受以篚, 其無篚則皆坐奠之, 而後取之. 外內不共井, 不共湢浴, 不通寢席, 不通乞假, 男女不通衣裳.

女子出門, 必擁蔽其面, 夜行以燭, 無燭則止. 道路男子由右, 女子由左.

공자(孔子)가 말하기를

부인이란 다른 사람에게 복종하는 것이다. 그러므로 자기 뜻대로 처리하는 도리는 없다. 세 가지 따라야할 도리가 있으니 집에 있을 때에는 아버지를 따르고, 시집가서는 남편을 따르고 남편이 죽으면 아들을 따라야 하니 감히 스스로 정하여 행할 수 없다.

가르침과 명령함은 규문 밖으로 나가서는 안 되고, 하는 일이란 오직 음식을 주관하는 데에 있을 뿐이다. 그러므로 여자는 규문 안에서 나날을 보내고, 백 리가 넘는 곳이면 달려가 조문하지 않는다. 일은 제 마음대로 할 수 없고 행함은 혼자 이루어냄이 없어야 한다. 다른 사람을 참여하게 하여 알게 한 이후에 움직이며 가히 증험할 수 있은 이후에 말하여야 한다. 낮에는 뜰로 나와 거닐지 않으며 밤에 다닐 때는 불을 밝혀야 하니 여자의 덕을 바르게 하고자 하기 때문이다.

여자에게는 버림받게 되는 일곱 가지가 있다. 부모에게 순종하지 않고, 자식을 낳지 못하며, 음란하거나 질투하며, 고치지 못할 나쁜 병이 있고, 말이 많거나 도둑질을 하면 버림받는다. 무릇 이것은 성

인이 남자와 여자 사이를 순하게 하고 혼인의 시초를 중히 여겼기 때문이다.[41]

> 孔子曰, 婦人伏於人也. 是故無專制之義, 有三從之道, 在家從父, 適人 從夫, 夫死從子, 無所敢自遂也.
>
> 教令不出閨門, 事在饋食之間而已矣. 是故女及日乎閨門之內, 不百里而 奔喪. 事無擅爲, 行無獨成. 參知而後動, 可驗而後言. 晝不遊庭, 夜行以 火, 所以正婦德也.
>
> 婦有七去, 不順父母去, 無子去, 淫去, 妬去, 有惡疾去, 多言去, 竊盜去. 凡此聖人所以順男女之際, 重婚姻之始也.

〈제통(祭統)〉에서 말하기를

무릇 제사는 반드시 부부가 친히 지내야 하니 안팎에서 주관함을 갖추어야 하기 때문이다. 주관함이 갖추어지면 곧 도구와 재물들이 갖추어지게 된다.[42]

> 祭統曰, 夫祭也者, 必夫婦親之. 所以備外內之官也. 官備則具備.

구계(臼季)가[43] 사신이 되어 기(冀)라고 하는 곳을 지나면서 기 땅

....
41) 『소학』권2 〈명륜-명부부지별〉에 있다.
42) 『소학』권2 〈명륜-유부자지친〉에 있다.
43) 구계(臼季): 기원전 697년~기원전 622년. 춘추전국시대 진(晉) 나라 대부. 이름

에 사는 극결이[44] 밭을 갈고 있는 것을 보게 되었다. 그 아내가 들밥을 가져왔는데 공경하면서 서로 받드는 모습이 마치 손님 대하는 듯하였다. 그리하여 그와 함께 돌아와 문공(文公)에게[45] 말하기를

"공경은 덕이 모인 것입니다. 능히 공경할 수 있다면 반드시 덕이 있을 터이고 덕으로 백성을 다스릴 것입니다. 임금님께서 그를 등용하십시오. 신이 들으니 집 밖으로 나가면 손님 대하듯 하고 일을 받들어 수행하는 것을 제사지내듯이 하는 것은 인(仁)의 법칙이라고 합니다."

라고 했다. 그리하여 문공은 극결을 하군대부로 삼았다.[46]

> 臼季使過冀, 見冀缺耨. 其妻饁之, 敬相侍如賓. 與之歸, 言諸文公曰, 敬德之聚也. 能敬, 必有德, 德以治民. 君請用之. 臣聞, 出門如賓, 承事如祭, 仁之則也. 文公以爲下軍大夫.

....

은 서신(胥臣). 구(臼)라는 땅을 봉지로 받았기 때문에 구(臼)라고 하며 일찍이 사공(司空)을 지냈으므로 구계, 또는 사공계자(司空季子)라고도 불린다. 진 나라 문공인 공자 중이(重耳)의 사부였고 중이가 일찍이 타국에서 떠돌아다닐 때 함께 다녔다. 중이를 위해 진(秦) 목공(穆公)의 딸인 회영(懷嬴)을 아내로 삼도록 하였다.

44) 극결(郤缺): 춘추전국시대 진(晉)나라 사람. 그의 아버지가 기(冀) 땅에 봉해졌으므로 기결(冀缺)이라고도 부른다.

45) 문공(文公) : 기원전 671~기원전 628년. 춘추전국시대 진(晉)의 왕. 성은 희(姬), 이름은 중이(重耳). 아버지는 진 헌공(晉獻公)이고 어머니는 호희(狐姬). 공자 시절 19년 동안 외국에서 떠돌아 다니다가 기원전 628년에 왕위에 올랐다. 춘추 오패(五覇) 중 한 명.

46) 『소학』권4 〈계고-명륜〉에 있다.

채나라[47] 사람의 아내는 송나라 사람의 딸이다. 이미 시집가기로 했는데 그 남편에게 낫지 못할 나쁜 병이 있었다. 그 친정어머니가 다른 곳으로 시집보내려고 하자 그 딸이 말하기를

"남편의 불행은 곧 제 불행이기도 합니다. 그러니 어찌 버리겠습니까? 다른 사람에게 시집가는 도리는 한번 함께 초례를 치르면 평생 고치지 않는 것입니다. 불행히도 나쁜 병에 걸린 사람을 만나기는 했지만 저 사람에게 큰 일이 생기지도 않았고, 또한 저를 버리지 않았는데 어떻게 버리고 갈 수 있습니까?"

라고 하면서 끝내 어머니 말을 듣지 않았다.[48]

> 蔡人妻 宋人之女也. 旣嫁而夫有惡疾. 其母將改嫁之, 女曰, 夫之不幸, 乃妾之不幸也. 奈何去之. 適人之道, 一與之醮, 終身不改. 不幸遇惡疾, 彼無大故, 又不遺妾, 何以得去. 終不聽.

위나라 공강(共姜)은 위나라 세자인 공백(共伯)의[49] 아내이다. 공백이 일찍 죽자 공강은 절의를 지켰다. 부모가 그 절의를 빼앗고 다

....

47) 채나라 : 기원전 11세기~기원전447년까지 중국 주대(周代)에 있었던 나라. 주의 무왕이 채숙 도를 봉하면서 생겼으며 후에 초나라 영윤 자발의 침공으로 멸망했다.
48) 『소학』권4 〈계고-명륜〉에 있다.
49) 공백(共伯): ?~기원전813년. 위(衛) 희후(釐侯)의 아들. 이름은 여(餘). 동생인 화(和)에게 쫓기자 스스로 목숨을 끊었다.

시 시집보내려고 했지만 공강은 승낙하지 않았다. 그리고 백주시(柏舟詩)를50) 지어 죽음으로써 스스로 맹세했다.51)

衛共姜者, 衛世子共伯之妻也. 共伯蚤死, 共姜守義. 父母欲奪而嫁之, 共姜不許, 作栢舟之詩, 以死自誓.

문중자(文中子)가52) 말하기를

"시집가고 장가들면서 재물에 관해 논하는 것은 오랑캐들의 도이다. 군자는 그런 마을에 들어가지 않는다. 옛날의 남녀 족속은 각각 덕을 가려 택했지 재물로써 예를 삼지 않았다."53)

文中子曰, 婚娶而論財, 夷虜之道也. 君子不入其鄕. 古者男女之族, 各擇德焉, 不以財爲禮.

....

50) 이 시는 『시경』 「용풍(鄘風)」에 실려 있다. "내 마음은 돌이 아니라 굴릴 수가 없다.(我心匪石 不可轉也)"라고 말하면서 바뀌지 않을 자신의 마음을 표현하였다.

51) 『소학』권4 〈계고-명륜〉에 있다.

52) 문중자(文中子): 548년~617년. 수(隨)나라 때의 유학자. 이름은 왕통(王通). 자는 중엄(仲淹). 왕공자(王孔子)라고도 불렸다. 제자들이 문중자라는 시호를 지어주었다. 아버지는 왕륭(王隆). 수 문제에게 〈태평십이책(太平十二策)〉을 올렸지만 받아들여지지 않자 〈동정지가(東征之歌)〉를 지어 부르고 돌아갔다고 한다. 저서로 『중설(中説)』이 있다.

53) 『소학』권5 〈가언-광명륜〉에 있다.

호안정(胡安定) 선생이[54] 말하기를

"딸을 시집보낼 때에는 반드시 우리 집안보다 나은 집안의 사람을 골라야 한다. 우리 집안보다 나으면 딸이 시집 사람을 섬길 때에 반드시 공경하고 경계할 것이기 때문이다. 며느리를 얻을 때에는 반드시 우리 집안보다 못한 집안의 사람을 선택해야 한다. 우리 집안만 못하면 며느리가 시부모를 섬기는 데에 있어서 반드시 며느리로서의 도리를 잘 행할 것이기 때문이다."[55]

安定胡先牲曰, 嫁女必須勝吾家者. 勝吾家, 則女之事人, 必欽必戒. 娶婦必須不若吾家者. 不若吾家, 則婦之事舅姑, 必執婦道.

어떤 이가 묻기를

"어린 과부는 도리상 가히 아내로 맞이할 수 없는 듯하니 어떻습니까?"

라고 하였다. 이천선생(伊川先生)이[56]

....

54) 호안정(胡安定): 993~1059. 이름은 호원(胡瑗). 자는 익지(翼之). 북송 초기 유학자로서 송 이학(理學)의 선구자이다. 안정(安定)은 시호이다. 범중엄(范仲淹)의 천거에 의해 관직에 진출했으며 태상박사(太常博士)에까지 이르렀다.
55) 『소학』 권5 〈가언·광명륜〉에 있다.
56) 이천선생(伊川先生): 1033~1107. 이름은 정이(程頤). 하남(河南)에서 태어났다. 호안정(胡安定)에게 『대학』을 배웠다. 『주역』에 관심을 두었고 이후 송

"과연 그렇다. 무릇 아내를 맞이하는 것은 자신의 배필로 삼는 것이다. 만약 절의를 잃은 사람과 혼인하여 자신의 짝으로 삼는다면 이는 자신도 절의를 잃는 것이다."

또 묻기를

"만약 외롭고 어린 과부로서 빈궁하여 의탁할 데가 없는 사람이라면 가히 재가해도 괜찮을까요?"

라고 하니

"이는 다만 후세 사람들이 그 과부가 춥고 배고파 죽을 것만 두려워하였기 때문에 이런 말이 있게 된 것이다. 하지만 굶어죽는 일은 지극히 작은 일이고 절의를 잃는 일은 매우 큰 일이다."[57]

> 或問, 孀婦於理, 似不可取, 如何. 伊川先生曰, 然. 凡取以配身也. 若取失節者, 以配身, 是己失節也.
> 又問, 或有孤孀, 貧窮無託者, 可再嫁否. 曰, 只是後世, 怕寒餓死, 故有是說. 然, 餓死事極小, 失節事極大.

나라 역학의 정통성을 확보하였다. '성즉리(性卽理)'설을 강조했다. 저서로『이천역전(伊川易傳)』이 있다.
57) 『소학』권5 〈가언-광명륜〉에 있다.

〈안씨가훈(顔氏家訓)〉에서[58] 말하기를

　아녀자들은 음식에 관한 일을 주관해야하니 오직 술 담그고, 음식 만들고, 의복 짓는 등의 예법을 일삼아야 한다. 나라에서는 정사에 참여하게 해서는 안 되고, 집안에서는 주요한 집안일을[59] 맡게 해서는 안 된다. 만약에 총명하고 재주가 있으며 지혜와 식견이 고금에 대해 통달하였다면 바르게 군자를 보좌하면서 그 부족한 면에 대해 권면할 뿐이다. 반드시 암탉이 새벽에 울어 재앙이 이르게 하는 일이 없어야 한다.[60]

> 安氏家訓曰, 婦主中饋, 唯事酒食衣服之禮耳. 國不可使預政, 家不可使幹蠱. 如有聰明才智識達古今, 正當輔佐君子, 勸其不足. 必無牝鷄晨鳴, 以致禍也.

....

58) 안씨가훈(顔氏家訓): 안지추(顔之推)가 지은 책. 안지추는 북제(北齊)·북주 (北周)에서 벼슬했고 수(隋)나라 초기에 학사를 지내기도 했다. 가훈이라는 이 름답게 집안 자손들에게 남겨준 교훈이다. 서문 및 20장으로 내용을 구성하였 다. 20장의 내용을 보면 서치(序致), 교자(敎子), 형제(兄弟), 후취(後娶), 치가 (治家), 풍조(風操), 모현(慕賢), 면학(勉學), 문장(文章), 명실(名實), 섭무(涉 務), 성사(省事), 지족(止足), 계병(誡兵), 양생(養生), 귀심(歸心), 서증(書證), 음사(音辭), 잡예(雜藝)·종제(終制) 등이다. 후대 송나라 주자는 『소학』을 편 찬하면서 안씨가훈 속 내용을 발췌했다.
59) 집안일 [幹蠱] : 간부지고(幹父之蠱)의 준말. 아들이 아버지의 뜻을 이어서 발 전시키는 일을 말한다. 곧 집안의 중심이 되는 일을 아들이 이어받아 창성하게 만드는 일을 의미한다.
60) 『소학』권5 〈계고-가언-광명륜〉에 있다.

강동의 부녀자들은 서로 교유함이 거의 없다. 그래서 혼인한 집안 사이에도 혹은 십 수 년 동안 서로 모르는 경우도 있다. 오직 사람을 보내어 안부를 물어보거나 인사치레로 주는 물건을 보냄으로써 은근한 마음을 표현한다.

업하(鄴下)의[61] 풍속에서는 부녀자들이 전적으로 집안을 맡아 경영한다. 소송을 하여 옳고 그름을 가리거나 나아가 청하는 일, 사람을 맞이하여 대접하는 일도 한다. 자식을 대신하여 관직을 구하고, 남편을 위하여 억울함을 호소하기도 한다. 이것은 항주(恒州)[62] 대군(代郡)에서 남아 내려온 풍습이다.[63]

> 江東婦女, 略無交遊. 其婚姻之家, 或十數年間, 未相識者. 唯以信命贈遺, 致慇懃焉.
> 鄴下風俗, 專以婦持門戶, 爭訟曲直, 造請逢迎, 代子求官, 爲夫訴屈. 此乃恒代遺風乎.

한나라 포선(鮑宣)의[64] 아내는 환씨(桓氏)로 자는 소군(少君)이다.

....

61) 업하(鄴下): 현재 하남성 임장현(臨漳縣) 지역으로 삼국시대 때 조조가 도읍으로 정했던 곳이다.

62) 항주(恒州) : 옛 북위(北魏) 지역을 말한다.

63) 『소학』권5〈계고-가언-광명륜〉에 있다.

64) 포선(鮑宣) : ?~3년. 서한 애제(哀帝) 때의 문신. 발해군 고성(지금 하북성 염산현) 사람. 자는 자도(子都)간의대부(諫議大夫)를 지냈다. 애제의 총애가 지극했는데 왕망(王莽)이 정권을 잡고 무고 당하게 되자 자살했다. 일찍이 〈칠망칠사(七亡七死)〉 상소를 올렸다.

포선은 일찍이 환소군의 아버지에게 와서 배웠다. 환소군의 아버지는 포선이 청고(淸苦)함을 기특하게 생각하였으므로 자신의 딸을 아내로 삼게 했다. 딸을 보낼 때 재물을 매우 성대하게 갖추어 보냈지만 포선은 기뻐하지 않고 아내에게 말하기를

> "소군이여, 당신은 부유한 집안에서 태어나 아름답게 꾸미는 일에 익숙합니다. 그런데 나는 실제로 빈천하기 때문에 그 예를 감당할 수 없습니다."

라고 했다. 이에 아내인 환소군이 말하기를

> "아버님은 당신이 덕을 닦고 검약함을 잘 지키고 있었기 때문에 저로 하여금 수건과 빗을 받드는 아내가 되게 한 것입니다. 이미 군자를 받들게 되었으니 오직 그 명만을 따르도록 하겠습니다."

라고 했다.
 포선이 웃으면서

> "능히 그렇게 해주는 것이 곧 내 뜻입니다."

라고 했다. 아내가 곧 시비들과 옷, 장신구들을 모두 돌려보내고 짧은 치마로 갈아입고 포선과 함께 녹거를 끌고 향리로 돌아왔다. 시어머니께 절하고 예를 다 마친 다음 옹이를 들고 나가 물을 긷고, 부녀자로서의 도리를 수행하니 온 마을 사람들이 칭찬하였다.[65]

漢鮑宣妻桓氏, 字少君. 宣嘗就少君父學. 父奇其淸苦, 故以女妻之. 將
送資賄甚盛, 宣不悅, 謂妻曰, 少君生富驕, 習美飾. 而吾實貧賤, 不敢當禮.
妻曰, 大人以先生修德守約, 故使賤妾侍執巾櫛. 旣奉承君子, 惟命是從.
宣笑曰, 能如是, 是吾志也. 妻乃悉歸侍御服飾, 更著短布裳, 與宣共挽鹿
車, 歸鄕里. 拜姑禮畢, 提甕出汲, 修行婦道. 鄕邦稱之.

조상(曹爽)의[66] 사촌 동생은 문숙(文叔)의 아내이며 초군(譙郡)
의[67] 하후문녕(夏候文寧)의 딸로서 이름은 영녀(令女)이다. 문숙이
일찍 죽고 상기(喪期)를 다 마쳤을 때 자기 나이가 어리고 자식이 없
다는 이유로 혹 집안에서 다시 시집보낼까 두려워하여 머리카락을
잘라 신의를 보였다. 그 후 조씨 집안 사람들이 과연 영녀를 다시 시
집보내려고 했다. 영녀가 그 말을 듣고 곧바로 다시 칼로 자신의 두
귀를 잘랐고 조상에게 의탁하여 살았다. 조상이 역모죄로 죽임을 당
하고 조씨 집안 사람들도 모두 죽임을 당하게 되자 영녀의 숙부는
임금에게 글을 써 올려서 조씨와 혼인 관계를 끊어버리고 강제로 영
녀를 데리고 돌아갔다.

그 때 문녕은 양주를 다스리고 있었다. 딸이 어린 나이에 절의를

....

65) 『소학』권6 〈선행-실명륜〉에 있다.

66) 조상(曹爽) : ?~249. 자는 소백(昭伯). 아버지는 조진(曹眞)이다. 위(魏)나라 명
   제의 총애를 받아 무위장군(武衛將軍)이 되었다. 사마의(司馬懿)의 군권을 빼
   앗고자 하여 정치적으로 대립하게 되었다. 사마의가 역모를 일으켰을 때 싸우
   자고 주장했지만 결국 항복하고 말았다. 환관이었던 장당이 '조상 등이 역모할
   계획을 갖고 있다.'고 자백한 일로 인해 온 가족이 몰살당하였다.

67) 초군(譙郡) : 현재 안휘성 박주(亳州) 지역.

지키고자 하는 것을 가엾게 생각하고 또 조씨 집안의 남은 혈육이 없었기 때문에 딸의 바람이 이루어지지 않기를 기대하였다. 그래서 사람을 시켜 슬쩍 떠보았다. 영녀는 탄식하고 눈물을 흘리며

"나 또한 생각해보니 허락하는 것이 옳겠다."

라고 말했다. 집안 사람들이 그대로 믿어 방비하기를 조금 게을리하였다. 영녀가 이 때 몰래 침실로 들어가 칼로 자신의 코를 베고 이불을 뒤집어 쓰고 누웠다. 그 어머니가 부르며 말하고자 하였는데 응답하지 않기에 이불을 들추고 보니 피가 흘러 침상에 가득하였다. 온집안의 사람들이 놀라고 당황하여 가서 보고서는 코끝이 찡하지 않은 이가 없었다.

누군가 말하기를

"사람이 이 세상에 사는 일은 가벼운 티끌이 약한 풀잎 위에 있는 것과 같지요. 그런데 왜 이처럼 고생하는가요? 또 남편 집안이 모두 멸족되었는데 이렇게 절의를 지키는 것은 누구를 위해서인가요?"

영녀가 말하기를

"제가 들으니 어진 사람은 융성함과 쇠잔함에 따라 절개를 고치지 않는다고 하였고 의로운 사람은 존망에 따라 마음을 바꾸지 않는다고 했습니다. 조씨 집안의 전성기 때에도 오히려 끝까지 지키고자 하였는데 하물며 지금 쇠망했다고 하여 어찌 차마

저버리겠습니까? 그런 금수와 같은 행실을 어찌 제가 할 수 있
습니까?"

라고 했다.[68]

> 曹爽從弟文叔妻, 譙郡夏侯文寧之女, 名令女. 文叔蚤死, 服闋,
> 自以年少無子, 恐家必嫁己, 乃斷髮爲信. 其後家果欲嫁之, 令女聞,
> 卽復以刀截兩耳, 居止常依爽. 及爽被誅, 曹氏盡死, 令女叔父上書,
> 與曹氏絶婚, 彊迎令女歸.
>
> 時文寧爲梁相一作州. 憐其少執義, 又曹氏無遺類, 冀其意阻, 乃徵使
> 人-風之. 令女嘆且泣曰, 吾亦惟之, 許之是也. 家以爲信, 防之少懈.
> 令女於是竊入寢室, 以刀斷鼻, 蒙席而臥. 其母呼與語, 不應, 發被視
> 之, 血流滿床席. 擧家驚惶, 往視之, 莫不酸鼻.
>
> 或謂之曰, 人生世間, 如輕塵棲弱草耳. 何辛苦乃爾. 且夫家夷滅已盡,
> 守此欲誰爲哉. 令女曰, 聞仁者, 不以盛衰改節, 義者, 不以存亡易心.
> 曹氏全盛之時, 尙欲保終, 況今衰亡, 何忍棄之. 禽獸之行, 吾豈爲乎.

〈안씨가훈〉에서 말하기를

무릇 사람이 있고 난 후에 부부가 있다. 부부가 있고서야 아비와
자식이 있다. 아비와 자식이 있은 연후에 형제가 있다. 한 집안의 친
함은 이 세 가지일 뿐이다. 여기서부터 구족에 이르기까지 모두 세
가지 친함에 근본을 둔다. 그러므로 인륜의 중요함이 되는 것에 대해
돈독하지 않으면 안 된다.[69]

....
68) 『소학』권6 〈선행-실명륜〉

顔氏家訓曰 夫有人民, 而後有夫婦. 有夫婦, 而後有父子. 有父子, 而後
有兄弟. 一家之親, 此三者而已矣. 自茲以往, 至于九族, 皆本於三親焉. 故
於人倫爲重也. 不可不篤.

유개 중도(柳開仲塗)가[70] 말하기를

　"돌아가신 아버지께서 집안을 다스릴 때 효도하며 엄격하게
하셨다. 매월 초하루와 보름날에 집안의 자제와 며느리들이 당
아래에서 절을 하고 마치면 곧 손을 들고 얼굴을 낮추며 돌아가
신 아버지께서 훈계하시는 말씀을 들었다. 아버지께서는 '사람
들 집안의 형제로 불의한 이는 없다. 아내와 며느리를 얻어 집안
에 들이면서 서로 다른 성씨들이 모이게 되고 각자 자신들의 장
점과 단점으로 경쟁하면서, 점점 날마다 자신이 듣는 것에만 푹
빠지게 되어 편애하며 사사롭게 잘 감춰두게 된다. 결국 서로 등
돌리고 각각 분가하여 집안의 재물을 갈라 갖는 데에까지 이르
게 된다. 그리하여 마치 도적이나 원수같이 서로 미워하게 되는
데 이 모든 것은 너희의 부인들이 만들어낸 것이다. 남자로서 마
음이 굳세어 부인네들의 말에 혹하여 넘어가지 않을 사람이 몇
이나 되겠느냐? 내가 그런 일을 많이 보아왔다. 너희들이 어찌
이런 일을 하겠느냐?'라고 하셨다. 그러면 자제들과 며느리들이

....

69) 『소학』권5 〈가언-광명륜〉에 있다.
70) 유개 중도(柳開仲塗) : 948년~1001년. 북송 초기의 정치인, 문인. 이름은 유개
　　(柳開). 어릴 적 이름은 소선(紹先)이며 후에 개명했다. 자는 중도(仲塗). 스스
　　로 자신의 호를 동교야부(東郊野夫)라고 했다. 당나라 때 문인이 이었던 한유
　　와 유종원의 문학 풍조를 본받을 것을 주장했다. 저서로는 『하동집(河東集)』이
　　있다.

물러 나와 두려워하면서 감히 한 마디 말을 내어 불효한 일이
되는 것을 할 수 없었다. 우리들은 이에 힘입어 집안을 온전하게
할 수 있었던 것이다."

라고 했다.[71]

柳開仲塗曰, 皇考治家, 孝且嚴. 且[72]弟婦等, 拜堂下畢, 卽上手低面, 聽
我皇考訓誡. 曰, 人家兄弟, 無不義者, 盡因娶婦入門, 異姓相聚, 爭長競短,
漸漬日聞, 偏愛私藏. 以致背戾, 分門割戶. 患若賊讎. 皆汝婦人所作. 男子
剛腸者幾人, 能不爲婦人言所或. 吾見多矣. 若等寧有是耶. 退則懦懦, 不
敢出一語爲不孝事. 開輩抵此賴之, 得全其家云.

　　왕상(王祥)의[73] 동생인 왕람(王覽)의[74] 어머니 주씨는 왕상을 무
도하게 대했다. 주씨는 자주 이치에 안 맞는 일을 왕상에게 시켰는데
그럴 때마다 왕람은 문득 왕상과 함께 했다. 또 주씨가 왕상의 아내
를 학대하면 왕람의 아내도 또한 얼른 달려가 함께 했다. 그러자 주

....

71) 『소학』권5 〈가언·광명륜〉에 있다.
72) 『소학』원문에는 조(朝)로 되어 있다.
73) 왕상(王祥) : 184년~268년. 위(魏)나라 때 사람. 자(字)는 휴징(休徵). 낭야(瑯
　　琊) 임기(臨沂)에서 태어났다. 아버지는 왕융(王融). 친어머니가 일찍 죽고 계
　　모 주씨를 지성으로 섬겼다. 왕람은 주씨 소생이었다. 후에 저릉공(睢陵公)에
　　봉해졌다.
74) 왕람(王覽) : 206년~278년. 자는 현통(玄通). 왕상의 이복 동생. 효성이 지극하고
　　동기간 우애가 깊었다. 함녕 초에 황제가 왕람의 강직한 성격을 높이 평가하여
　　종정경(宗正卿)으로 삼고자 했으나 아프다는 핑계로 물러가고자 하였다.

씨가 걱정하면서 그런 일을 그만두었다.[75]

위는 『소학』〈명륜〉이다.

王祥弟覽母朱氏, 遇祥無道. 屢以非理使祥, 覽與祥俱. 又虐使祥妻, 覽
妻亦趨而共之. 朱患之, 乃止.
右小學明倫.

공보문백(公父文伯)[76]의 어머니는[77] 계강자(季康子)의[78] 종조숙
모이다. 계강자가 가서 뵙자 문을 열고 이야기하였지만 둘다 모두 문
지방을 넘지 않았다. 중니께서[79]이를 듣고 남녀 사이에 구별한 예라
고 여겼다.[80]

公父文伯之母, 季康子之從祖叔母也. 康子往焉 闔門而與之言, 皆不踰
閾. 仲尼聞之, 以爲別於男女之禮矣.

....

75) 『소학』권6 〈선행-광명륜〉에 있다.
76) 공보문백(公父文伯): 춘추전국시대 노나라 계손흘(季孫紇)의 손자, 공보목백
(公父穆伯)의 아들.
77) 공보목백(公父穆伯)의 아내 경강(敬姜)을 가리킨다. 거(莒)나라 여자. 공자(孔
子)와 동시대에 살았다.
78) 계강자(季康子): ?~기원전 468년. 춘추전국시대 노나라 대부. 이름은 비(肥).
계환자(季桓子)의 아들. 시호가 강(康)이므로 계강자라고 불린다.
79) 중니 : 공자를 말함.
80) 『소학』권4 〈계고-명륜〉에 있다.

공보문백이 조정에서 물러나와 그 어머니께 문안을 드릴 때 그 어머니가 길쌈을 하고 있었다. 문백이

　　"제 집안인데도[81] 어머니께서 오히려 길쌈을 하십니까?"

라고 물었다. 그 어머니가 탄식하며 말하기를

　　"노나라가 망하겠구나. 어리석은 아이로 하여금 벼슬자리를 차지하게 하고 올바른 도리를 아직도 듣지 못하게 하였으니 말이다. 앉아 보아라. 내가 너에게 말하겠다. 백성들이 일하면 생각하게 되고, 생각하게 되면 착한 마음이 생겨난다. 백성들이 편안히 놀기만 하면 음란해지고 음란해지면 착함을 잊게 된다. 착함을 잊으면 나쁜 마음이 생기게 된다. 비옥한 땅의 백성들이 재주있는 사람이 못되고 음란하게 되며, 척박한 땅의 백성들은 의로움을 향하며 일하지 않는 이가 없다. 이 때문에 왕의 후비들은 몸소 현담을[82] 짰고 공후의 부인들은 굉연(紘綖)을 짰으며, 경의 아내들은 큰 띠를 만들었고 대부의 아내들은 제복을 만들었으며, 열사의 아내들은 조복을 만들었다. 서사(庶士) 이하의 사람들도 모두 자기 남편의 옷을 만들었다. 봄 제사 때에 각각 일을 받아서 했고 가을 제사 때에는 그 공을 바쳤다. 남녀가 모두 방적한 것을 살펴서 혹 잘못이 있으면 벌을 받은 것은 옛적의 제도이다. 나는 네가 아침 저녁으로 나를 경계하면서 '선인들의

---

81) 제 집안인데도 [歜之家] : 촉(歜)은 공보문백의 이름. '촉의 집안'이라는 뜻으로 곧 자신의 집안임을 의미함.
82) 현담(玄紞) : 고대에 관 위에 달았던 귀막이 옥에 있던 끈. 관의 앞뒤에 드리웠다.

일을 폐해서는 안 됩니다.'라고 말하기를 바랐는데 너는 지금
'어찌 편안히 계시지 않습니까?'라고 하니 이로써 임금을 받드는
자리에 있으니, 나는 목백(穆伯)의83) 자손이 끊길까 두렵기만
하구나."

하고 했다.84)

公父文伯退朝, 朝其母. 其母方績. 文伯曰, 以歜之家而主猶績乎. 其母
嘆曰, 魯其亡乎. 使僮子備官, 而未之聞邪. 居. 吾語女. 民勞則思. 思則善
心生, 逸則淫. 淫則忘善, 忘善則惡心生. 沃土之民不材淫也. 瘠土之民莫
不嚮義勞也. 是故王后親織玄紞, 公候之夫人加之以紘綖, 卿之內子爲大帶,
命婦成祭服, 列士之妻加之以朝服, 自庶士以下皆衣其夫. 社而賦事, 烝而
獻功, 男女效績, 愆則有辟古之制也. 吾冀而朝夕修我曰, 必無廢先人. 爾
今曰, 胡不自安. 以是承君之官, 予懼穆伯之絶嗣也.

당나라 봉천(奉天)에85) 사는 두씨(竇氏)의 두 딸은 시골에서 자랐
지만 어려서부터 지조가 있었다. 영태(永泰)86)년간에 도적 수천 명
이 그 마을에 쳐들어와 노략질을 하였다. 두 딸 모두 얼굴이 예뻤고
맏딸은 19세, 둘째딸은 16세였다. 바위 틈 굴에 숨어 있다가 끌려나
왔다. 도적들이 앞세워 몰고 가는데 수백 척이나 되는 깊은 골짜기에

....

83) 공보목백(公父穆伯): 춘추전국시대 노(魯)의 계도자(季悼子)의 아들. 계평자
   (季平子)와 형제간이다.
84) 『소학』권4 〈계고-경신〉에 있다.
85) 봉천(奉天): 지금의 건현(乾縣) 지역으로 섬서성 함양시(陝西省咸陽市)에 있다.
86) 영태(永泰): 당나라 대종(代宗)의 연호로 765년~766년.

이르게 되었다. 그 언니가 먼저 말하기를

　"내가 차라리 죽을지언정 의리상 욕을 당하지 않으리라."

　하고 절벽 아래로 떨어져 죽었다. 도적들이 막 놀라며 어쩔 줄 몰랐다. 동생이 잇달아 스스로 몸을 던지니 다리가 부러지고 얼굴이 깨져 피가 줄줄 흐르니 도적들이 내버려두고 갔다.
　경조윤이었던 제오기(第五琦)가[87] 그 정렬(貞烈)함을 가상히 여겨 황제에게 보고하였고 황제는 조칙으로 내려 정려를 세워 표창하게 하고 영원히 그 집안의 군역과 부역을 면제하도록 했다.[88]

　唐奉天竇氏二女, 生長草野, 幼有志操. 永泰中群盜數千人, 剽掠其村落. 二女皆有容色, 長者年十九. 幼者年十六. 匿嚴穴間, 曳出之, 驅迫以前. 臨塹谷深數百尺. 其姊先曰, 吾寧就死, 義不受辱. 卽投崖下而死, 盜方驚駭. 其妹繼之自投, 折足破面流血, 群盜乃捨之而去.
　京兆尹第五琦, 嘉其貞烈, 奏之, 詔旌表其門閭, 永蠲其家丁役.

　당나라 하동절도사 유공작(柳公綽)[89]의 아내는 한씨(韓氏)로 상국

----

87) 제오기(第五琦) :712년~782년. 당나라 때 관료. 자는 우규(禹珪), 서리출신으로 초기에는 위견(韋堅)의 종사가 되었다. 경조윤을 지냈고 이 때 이광필(李光弼)의 상 치르는 일을 감독했다.
88) 『소학』권6 〈선행-실명륜〉에 있다.
89) 유공작(柳公綽) : 768년~832년. 이름은 유관(柳寬). 자는 기지(起之). 시호는 원(元)이며 이 때문에 유공원(柳公元)이라고도 불린다. 당나라 화원(華原) 사람, 유공권(柳公權)의 형이며 형제가 서예가로서 유명했다.

한휴(韓休)의[90] 증손녀이다. 집안 법도가 엄숙하고 검약하여 진신 사대부들 집안의 모범이 되었다. 유씨에게 시집가 삼년동안 어린이나 나이든 사람을 막론하고 한씨가 입을 열어 이를 드러낸 것을 본 적이 없었다. 항상 무늬 없는 흰 비단옷을 입었고 능라나 금수 같은 무늬가 화려한 비단을 쓰지 않았다. 매번 친정으로 인사올 때마다 금과 옥으로 장식한 가마를 타지 않았고 오로지 대나무로 만든 가마만을 타고 두 명의 하인은 걸어서 따라오게 했다.

항상 고삼(苦蔘)[91], 황련(黃連)[92], 웅담(熊膽)을 가루로 빻아 섞어 환을 만들도록 했다. 그리고 그것을 아들에게 주어 매번 밤 늦게까지 오래도록 공부하느라 힘든 것을 덜어내는 데에 도움이 되도록 하였다.[93]

위는 『소학』〈경신〉이다.

唐河東節度使柳公綽妻韓氏 相國休之曾孫. 家法嚴肅儉約, 爲搢紳家楷範. 歸柳氏三年無少長未嘗見其啓齒, 常衣絹素, 不用綾羅錦繡, 每歸覲不乘金碧輿, 祗乘竹兜子, 二靑衣, 步屧以隨. 常命粉苦蔘黃連熊膽, 和爲丸,

....

90) 한휴(韓休): 673년~740년. 자는 양사(良士). 시호는 문충(文忠). 당나라 현종 때 예부시랑겸 지제고를 지냈다.

91) 고삼(苦蔘): 콩과에 속하는 식물. 길이가 1미터 정도 자라고 처음에는 검은 빛이 돌다가 나중에 녹색으로 변한다. 연한 황색의 꽃이 피며 뿌리를 약재로 쓴다. 쓴맛이 강하여 고삼이라 하며 뿌리 모양이 흉측하게 구부러져 있어 '도둑놈의 지팡이'라고도 불린다.

92) 황련(黃連): 깽깽이풀의 뿌리. 여러해살이 풀이며 20cm정도로 자란다. 4월에 보라색 꽃이 핀다.

93) 『소학』권6 〈선행-실명륜〉에 있다.

賜諸子, 每永夜習學含之, 以資勤苦.

右小學敬身

규범 중편(閨範中篇)

부훈(婦訓)[1]

　하늘이 이 백성을 내실 때에 떳떳한 윤리 다섯 가지를 두셨으니 사람으로서 이를 도외시하고 사람다운 사람이 된 이가 없었다. 그 첫째는 부자유친(父子有親)이니 아비와 자식 사이에 친하고 사랑할 따름이다. 두 번째는 군신유의(君臣有義)니 임금과 신하 사이에 있어서 그 떠나고 나아가며 따르거나 따르지 않는 일은 한결같이 의리에 의해서 할 뿐이다. 세 번째는 부부유별(夫婦有別)이니 각각의 지아비는 지아비답게 하고 아내는 아내답게 하여 서로 섞이어 혼잡하지 않도록 해야 한다. 또한 반드시 서로 손님 대하듯 공경하고 서로 친밀하여 예의없고 무람없는 행동하지 말아야 한다. 네 번째는 장유유서(長

---

1) 〈남당선생한씨부훈(南塘先生韓氏婦訓)〉이다. 한원진(韓元震, 1682~1751)이 31세 되던 해에(1712년,숙종 38) 때에 집안 여자들에게 교훈이 될 만한 내용을 서술한 글이다. 김복한은 이를 그대로 베껴서 『규범』 중편으로 삼았다.

幼有序)니 동생이 감히 형에 똑같이 맞서지 않고, 나이 적은 이가 나이 많은 이를 감히 업신여기지 않고 순순히 따라 그 차례가 있음을 말한다. 다섯 번째는 붕우유신(朋友有信)이니 사람들과 교유하는 사이에 한결같이 성실함과 믿음으로 하고 서로 속이거나 저버리지 않아야 함을 말한다. 한 집안에 있어서 주인과 종은 임금과 신하 사이의 의리가 있는 것이다. 부인에게 있어서는 손님을 공경하며 접대하여 그 집안 가장이 다른 사람들과 교제하는 데에 부끄러움이 없게 해야 하니 이 또한 붕우 사이의 믿음이 되는 것이다.

이는 그 어디에도 다섯 가지가 아님이 없으니 사람이라면 이로부터 떠나서는 도를 행할 수 없다. 대체로 사람이 금수와 다른 까닭은 금수에게는 이것이 없고 사람만이 오직 이것을 갖고 있기 때문이다. 사람이면서 이 다섯 가지에 대해 단 한 가지라도 어그러짐이 있다면 이는 비록 사람의 형체를 띠고 있다하여도 곧 금수와 다름이 없는 것이다. 그러므로 사람과 금수 사이에서 어느 것을 따르고 어느 것을 버려야하겠는가?

위는 통설장(統說章)이다.

天生斯民, 其倫有五, 人未有能外此而爲人者也. 一曰 父子有親, 父子之間, 親愛之而已矣. 二曰 君臣有義, 君臣之際, 去就從違, 一於義而已矣. 三曰 夫婦有別, 謂各夫其夫, 各妻其妻, 不相混雜. 而亦必相敬如賓, 不相藝狎也. 四曰 長幼有序, 謂弟不敢耦於兄, 少不敢加於長, 順而有序也. 五曰 朋友有信, 謂交際之間, 一以誠信而不相欺負也. 在家則主僕爲君臣之義. 而在婦人則敬接賓客, 使其家長無愧於交際, 是亦爲朋友之信者也.

此其無適而非五者, 而人不可以離此而爲道也. 蓋人之所以異於禽獸者,以其禽獸無此而人獨有此也. 人而於此五者, 一有悖焉, 則是雖具人之形, 卽便與禽獸無別矣. 然則人與禽獸之間, 將孰從而孰違耶.

統說章

율곡선생이 말씀하시기를

"사람으로서 부모에게 마땅히 효도해야한다는 것을 모르는 이는 없다. 하지만 효도하는 사람은 매우 드문데 부모의 은혜를 깊이 알지 못하기 때문이다. 대개 사람의 자식은 그 육신을 가지고 있어 성명(性命)과 피와 살에서부터 터럭과 머리카락과 같은 작은 것에 이르기까지 모두 부모가 주신 것이다. 임신하여 배 속에 있고 포대기에 싸였을 때부터 성장하는 데에 이르기까지 모두 부모가 해주신 것이다. 그러니 부모의 은혜는 과연 어떠한가?"[2]

무릇 다른 사람이 한 그릇의 밥, 한 필의 비단을 주어도 오히려 그 은혜에 감사할 줄 알고 그것을 보답할 것을 생각하게 된다. 하물며 내 신체를 주신 분들은 어떠할까. 『시경』에 이르기를 '아버지께서 날

....

2) 이 내용은 『栗谷全書』 권27, 〈擊蒙要訣-事親章〉에 나온다. 그 원문은 다음과 같다.
凡人莫不知親之當孝, 而孝者甚鮮, 由不深知父母之恩故也, 詩不云乎, 父兮生我, 母兮鞠我, 欲報之德, 昊天罔極, 人子之受生, 性命血肉, 皆親所遺, 喘息呼吸, 氣脈相通, 此身非我私物, 乃父母之遺氣也, 故曰, 哀哀父母, 生我劬勞, 父母之恩, 爲如何哉, 豈敢自有其身, 以不盡孝於父母乎, 人能恒存此心, 則自有向親之誠矣.

낳으시고 어머니께서 날 길러 주셨네. 그 덕을 갚고자하나 푸른 하늘
만큼 끝이 없구나.'라고[3] 했다. 사람의 자식이 되어 가히 부모의 은
혜를 알지 못하며 그 보답할 생각도 하지 않을 수 있는가? 이는 옛적
의 효자가 평소에는 공경함을 다하고 봉양하는 데에는 그 즐거워함
을 다하고 부모가 편찮으실 때에는 걱정을 다하고, 부모가 돌아가시
면 그 애달파함을 다하며 제사 지낼 때에는 엄숙함을 다하여 그 정성
을 쏟지 않음이 없게 된 까닭이다.

　부인은 남편을 하늘로 삼으니 시부모는 실로 나의 하늘을 낳아 길
렀으므로 그 은혜는 끝이 없다. 그러하니 또 어찌 나를 낳아주신 부
모와 차이를 둘 수 있겠는가? 말세에 인심이 이미 박해지고 부인들
의 심성 또한 편벽되고 꽉 막힘이 많다. 그리하여 시부모에 대해 모
두 그 끝없는 은혜를 온전히 알지 못하고 그저 평범한 노인들과 똑같
이 여겨 온 힘과 정성을 다해 그 은혜를 갚은 생각조차 하지 않으니
가히 한심하다고 할 수 있다. 비록 편벽되고 꽉 막힌 부인일지라도
그 남편을 사랑할 줄 모르는 이가 없다. 진실로 능히 그 남편을 사랑
하는 마음으로 그 남편을 낳아 길러준 은혜를 생각할 줄 안다면 자연
히 시부모를 향한 정성된 마음이 생기게 될 것이다.

　또 세상 사람들을 보면 시어머니와 며느리 사이에 자애화 효심을
잃은 경우가 많으니 이는 모두 며느리 된 이들이 시부모의 자애심을
알지 못하기 때문이다. 대개 자애롭고 사랑하는 마음은 금수에게도
또한 있으며 사람이 비록 지극히 완고하고 사나운 사람이라도 그 자
식을 사랑할 줄 모르는 이는 없다. 사랑하는 마음이 두텁기 때문에

....

3) 아버지께서 …… 없구나:『시경』〈소아(小雅) 육아(蓼莪)〉에 나오는 내용.

기대도 깊으며 기대심이 깊기 때문에 가르침도 부지런히 하게 되는 것이다. 그런데 가르쳐도 따르지 않은 즉 책망하고 벌을 주게 되니 이는 진실로 인정과 천리의 자연스러운 것이어서 그만둘 수 없다. 책망과 벌이 비록 혹 지나침이 있다할지라도 그 본래 마음은 두터운 자애에서 나왔을 뿐 다른 데서 나왔겠는가? 자식된 사람이 혹 반대로 책망과 벌로써 원망하니 그 자기를 자애롭게 여기는 마음이 지극히 두터움을 알지 못하는 것이다. 그런 즉 그 미혹함이 어찌 심하지 않은가?

길가는 사람이라면 이렇게 하지 않으며 자식이기 때문에 이렇게 하는 것이니 그 자식을 사랑하는 마음이 길가는 사람보다 오히려 덜할까보냐? 길가는 사람은 착하거나 악하든, 어리석거나 지혜롭든, 이롭거나 해가 되든, 기쁘거나 슬프든 자기와는 아무 상관이 없다. 그러므로 책망하거나 벌 주지 않으니 곧 멀다고 생각하는 것이다. 자식에 대해서는 자식의 착함, 악함, 어리석음, 지혜로움, 이로움, 해로움, 기쁨, 슬픔 등이 마음에 매우 절실하다. 그러므로 책망하고 벌을 주기도 하니 이는 곧 친하게 생각하기 때문이다.

만약 부모임에도 그 자식을 가르치지 않고, 가르쳤는데 자식이 따르지 않아도 책망과 벌을 내리지 않는 자는 인정과 천리가 없는 것이니 이는 매우 자애롭지 못한 것이다. 부모의 자애를 여기에서 가히 잘 알 수 있다. 부모가 자식을 사랑하여 이처럼 지극히 돈독하게 하는 것이다. 그러므로 무릇 자식이 갖고자 하는 것은 비록 개, 말, 수레, 의복 같은 따위를 아까워하지 않으니 하물며 자기 자식의 아내가 되어 평생 동안 자기 자식을 우러러 볼 사람에 대해서는 어떠하랴. 자식 사랑이 두텁기 때문에 며느리에 대한 사랑 또한 두텁고 가르침을 베풀고 책망하고 벌을 가하는 것 또한 자기 자신에게 한 것과 똑같게 하는 것이지 싫어하기 때문에 그런 것은 아니다. 그 일이 비록 지나침이 있다하여도 그 마음은 실제로 자식을 사랑하는 마음을 며느리에게까지 미루어 나간 것이다.

며느리가 된 이는 그 시부모 보기를 자신을 낳아준 부모와 같이 여기지 않는다. 그리하여 도리어 이와 반대로 시부모 마음을 헤아려 가르치거나 책망하거나 벌을 주는 일에 대해 그것이 자애로움에서 나오지 않고 잘못을 혼내려는 마음에서 나온다고 의심하고, 그것을 마음 속에 쌓아두며 원망하고 갈수록 거스른다. 그리하여 드디어는 남편조차도 의혹하는 맘을 갖게 하고 효심을 잃게 하며 시부모로 하여금 격노하게 하여 자애로움을 버리게 한다. 이에 온 집안이 서로 반목하게4) 하여 윤리를 상하게 하고 은혜를 해치게 한다. 이는 모두 며느리의 죄이니 비록 집에서 내쫓는다한들 어찌 가히 속죄할 수 있겠는가?

나중소(羅仲素)5) 선생이 '천하에 올바르지 않은 부모는 없다.'고6) 했는데 이는 부모의 평생 행실과 일들이 올바르지 않았던 것이 없다는 말이 아니라 자식에게 베푸는 것이 올바르지 않음이 없다는 말이

....

4) 서로 반목하게[勃磎]: 발계(勃磎)는 서로 다투어 반목하게 된다는 말이다. 『장자(莊子)』〈외물(外物)〉에 '방 안에 빈 곳이 없으면 시어머니와 며느리가 다툰다.(室無空處則姑婦勃磎)'라는 말이 있다.

5) 나중소(羅仲素) : 1072년~1135년. 송나라 때 유학자. 자는 중소(仲素), 이름은 나종언(羅從彦). 복건성 출신. 정이(程頤),정호(鄭顥)에게 배움. 저서로『예장문집(豫章文集)』『춘추모시어해(春秋毛詩語解)』등이 있다.

6) 천하에 ……없다 : 이 말은 나종언이 순임금의 아버지 고수(瞽瞍)에 관해 말한 데에서 나왔다.

다. 자식에 베풀면서 행한 일들 모두가 올바르지 않음이 없다는 말이 아니라 베풀 때의 그 마음이 올바르지 않음이 없다는 말이다. 그 마음이 이미 올바르지 않음이 없으니 일이 혹 지나치더라도 어찌 가히 다시 따질 수 있는가? 자식과 며느리가 된 사람들은 진실로 나씨가 한 이 말이 진실로 나를 속이지 않음을 깊이 안다면 부모와 시부모를 향한 마음이 저절로 간절하게 되어 기뻐하고 잊지 않으며 두려워하고 원망하지 않음을 능히 그만 두지 못할 것이다.

위는 부모와 시부모를 섬김에 관한 장이다.

栗谷先生曰:

人莫不知親之當孝, 而孝者甚鮮. 由不深知父母之恩故也. 蓋人子之有其身, 自性命血肉, 至於毛髮之細, 皆親之所遺也. 自懷妊襁褓, 至於成長之極, 皆親之所賜也. 則父母之恩, 果如何哉.

凡人或賜之一器之飯一匹之帛, 尙皆知感其恩而思所以報之. 況我身體之遺之者乎.

詩曰 父兮生我, 母兮鞠我, 欲報之德, 昊天罔極. 爲人子者, 其可昧父母之恩而不思所以報之者乎. 此古之孝子, 所以居則致其敬, 養則致其樂, 病則致其憂, 喪則致其哀, 祭則致其嚴, 而無所不用其誠者也.

婦人以夫爲天, 而舅姑實生育我所天, 則其恩之罔極. 又豈與生我者有間乎. 末世人心旣薄, 而婦人之性, 又多偏塞. 故於舅姑, 全不知有罔極之恩, 比之於尋常老人, 而不思所以竭力盡誠, 以報其恩者, 可勝寒心哉. 雖甚偏塞之婦人, 莫不知愛其夫. 苟能卽其愛夫之心, 思其生育其夫之恩, 則自然有向舅姑之誠矣.

且觀世人姑婦之間, 多失其慈孝之心, 此皆爲婦者不識舅姑慈愛之心故也. 蓋慈愛之心, 禽獸亦皆有之, 人雖至頑暴者, 莫不知愛其子也. 愛之篤故期之深, 期之深故敎之勤. 而敎之不從, 則加之以責罰, 此固人情天理之自然, 不容已者也. 責罰之施, 雖或有過者, 而其本心則出於慈愛之篤, 豈有他哉. 爲子者乃或反以責罰爲怨 而不知其爲慈己之至篤也. 則何其迷惑之甚哉.

在路人則未嘗加之以此, 而在子則加之, 豈其愛子之心, 反下於路人哉. 惟其在路人, 則其善惡愚智, 利害休戚, 不關於己. 故不加, 乃踈之也. 在子則其善惡愚智, 利害休戚, 至切於心. 故加之, 乃親之也.

若父母而不敎其子, 敎之不從而不加以責罰者, 是無人情天理也, 是至不慈者也. 父母之慈愛, 於此庶可知矣. 父母之愛子, 若其至篤也. 故凡子之所有, 雖犬馬車服之類, 莫不愛惜, 況於其爲子之妻 而終身仰望於子之身者哉. 愛子之篤, 故亦愛婦之篤, 而其施以敎訓責罰者, 亦同於子而不以嫌焉. 其事雖或有過者, 其心實自愛子者而推之耳.

爲婦者旣視其舅姑, 不比於生我之父母. 故以此反度舅姑之心, 疑其敎訓責罰, 不出於慈愛而出於督過, 懷念蓄懟, 愈肆悖逆. 遂使其夫有惑而失其孝, 舅姑有激而捐其慈. 一室勃磎, 傷倫賊恩. 此皆婦之罪也, 雖其斥黜, 可勝贖哉.

羅仲素先生有言曰 天下無不是底父母, 非謂其父母平生行事無不是也, 謂其施於子者無不是也. 非謂其施於子者事無不是也, 謂其設心無不是也. 其心旣無不是, 則事之或過, 安可復計乎. 爲子婦者, 苟能深知羅氏此言之眞不我欺, 則其向父母舅姑之心自切, 而喜不忘懼無怨者, 有不能已者矣.

右事父母舅姑章

부인들의 평생의 영광, 욕됨, 기쁨, 슬픔 등은 다만 그 남편이 어진 사람인가 어질지 못한 사람인가에 달려 있다. 그 남편이 만약 어질다면 종족들이 칭송하고 향당 사람들이 추대하며 온 나라와 천하 사람들이 사모하여 한몸에 존귀함과 영광을 누리게 되니 그 부인이 된 사람이 어찌 그 영광을 함께하지 못하겠는가? 그 남편이 만약 어질지 못하면 종족들이 싫어하고 온 고을 사람들이 천하게 여기며, 온 나라와 천하 사람들이 저버려 그 한몸이 오욕에 빠지게 되니 그 부인 된 사람이 또한 어찌 그 욕을 함께 하지 않겠는가?

남자로서 중인(中人)[7] 이하에 속하는 이는 부인에 의해 이리저리 옮겨가지 않음이 없으니 어짊과 어질지 못함의 차이로 인해 영욕이 확실하게 갈리는 것이 이와 같다. 그러하니 부인이 되어 그 지아비를 이끌어가는 자는 가히 착함으로써 해야 할 것인가? 아니면 악한 것 으로 해야 할 것인가? 이로움과 해로움의 갈림을 분변하기는 어렵지 않다.

그런데 세간의 부인들 가운데 이런 생각을 못하는 이들이 많다. 다 만 교태를 부려 은총만 굳게 하는 일만을 능사로 여기고, 의복과 음 식을 봉양하는 것만으로 도리를 다했다고 여기면서, 착함을 도와서 허물에서 구하려는 마음을 다시 갖지 않는다. 한 마디 말이라도 자신 을 거스르면 비록 시부모라고 할지라도 반드시 원망하는 마음을 품 는다. 한 가지 이로움이라도 마음 속에 생겨나면 형제 사이라 할지라 도 다투고 경쟁하기를 꺼리지 않는다. 그리고 교묘한 말과 모함하는 말을 좌우에서 해대고, 밤낮으로 이로움과 복이라는 명복으로 꾀고 해롭고 화(禍)가 된다고 하면서 을러댄다. 그리하여 남편의 귀에 익 숙하게 하고 남편의 마음에 쌓이도록 하며, 그것에 푹 젖어 사악한 말이라는 것을 잊어버리는 지경에 들어가게 하여 본심을 잃게 한다.

....

7) 중인(中人): 이 말은 『논어』〈옹야(雍也)〉에 나오는 말로 '공자가 말하기를 중 등 이상의 사람이면 가히 차원 높은 것에 대해 말할 수 있으나, 중등 이하의 사람이라면 높은 차원에 대해 말할 수 없다.(子曰 中人以上可以語上也 中人 以下는 不可以語上也)'라고 하였다.

위로는 부모에게 효도하는 마음을 잊어버리고 아래로는 형제와 화목함을 잃게 만든다. 그리하여 온 집안에 대해 죄를 짓고 온 마을에 대해 죄를 지으며, 천하 만세에 죄를 얻게 되어 천지간에 버림받은 한 사람이 되게 한다. 그런 즉 그 부인의 일신에 무슨 영광이 있으며 무슨 즐거움과 이로움이 있겠는가? 이는 그 자신을 악인의 부인으로 만드는 것에 불과할 뿐이니 보통 평범한 사람과 견주기에도 부족하다. 사람들은 사밖으로 드러난 것을 보고서 반드시 그 내조가 올바르지 않다는 사실을 알게 되리니 사람들이 침 뱉고 욕하게 될 것이다. 그러니 저 사나이가 되어 부인을 교화하지 못하고 도리어 부인에 의해 변한 이들은 진실로 가히 애처롭다고 하겠다. 그리고 부인이 되어 그 남편을 착하지 못한 쪽으로 변화시킨 사람은 그 죄 또한 가히 베어죽일 만하다고 할 수 있다. 아아, 통탄스럽구나, 그 또한 생각하지 않았기 때문일 뿐이다.

그러므로 현명한 부인은 반드시 한결같이 그 남편이 선행할 수 있게 도울 일을 생각하고 그 남편에게 아름다운 명예를 가져다줄 일을 생각한다. 허물이 있으면 그것으로부터 구해주고 좋은 일을 하면 이끌어준다. 남편의 좋은 점을 잘 어루만져주며 사악한 것을 금지하고 막아 버린다. 만약 그 남편이 좋은 일은 하는 데에 보탬이 될 수 있다면 그 일이 아무리 어렵다고 하더라도 반드시 한다. 남편의 아름다운 명예를 해치는 것이라면 그 일이 아무리 작은 것일지라도 절대로 하지 않는다. 한번 발을 들 때마다 감히 그 남편을 잊지 않고, 한 마디 말을 낼 때마다 그 남편을 잊지 않는다. 밤낮으로 공경하고 공손하게 하여 오직 혹시라도 가장에게 수치를 끼칠까 두려워하며, 그 남편이 어진 장부가 되게 하고 그 자신은 어진 부인이 된다면 이는 가

히 부인 역할을 능히 잘했다고 할 수 있고 부인의 도리를 다했다고 할
수 있다. 무릇 부인된 이들은 이것으로써 법을 삼지 않을 수 없으리라.

위는 가장을 섬기는 장이다.

婦人平生榮辱休戚, 只係於其夫之賢不肖. 其夫苟賢也, 而宗族稱之, 鄕
黨推之, 一國天下慕之, 而身享其尊榮, 則爲其婦者, 豈不與有榮也. 其夫
苟不肖也, 而宗族惡之, 鄕黨賤之, 一國天下棄之, 而身滔於汚辱, 則爲其婦
者, 亦豈不同其辱哉.

男子中人以下, 莫不爲婦人所移, 而賢不肖之間, 榮辱之判如此焉. 則爲
婦而導其夫者, 其可以善乎, 抑可以惡乎. 其於利害之分, 辨之不難矣.

然而世之婦人, 多不思此. 只以妖媚固寵爲能事, 服食供奉爲盡道, 而不
復以輔善救過爲意. 一言之忤己也, 則雖在舅姑, 必懷怨望. 一利之嬰懷也,
則雖在兄弟, 不憚爭競. 而巧言誣說, 左右慫慂, 利害禍福, 日夜誘餂. 使其
夫耳熟心稔, 沈浸罔覺入其邪說, 喪其本心. 上以忘孝於父母, 下以失和於
兄弟. 而得罪於一家, 得罪於鄕邦, 得罪於天下萬世, 而爲天地間一棄人.
則未知於渠婦人之身, 有何光榮, 有何樂利乎. 是不過使其身爲惡人之婦,
不足比數於恒人. 而人之觀於外者, 亦必知其內助之不正, 而唾罵及之矣.
然則彼爲丈夫, 不能化婦人, 而反見化於婦人者, 固可哀哉. 而以婦人而化
其夫不善者, 其罪又可勝誅哉. 噫嘻痛哉! 其亦不思而已矣.

是以婦人之賢者, 必一心思輔其夫之善行, 思貽其夫之令名. 過則捄之,
善則導之. 將須其美, 禁閉其邪. 苟可以益其夫之善行也, 則事雖至難, 必
果爲之, 苟可以損其夫之令名也, 則事雖至細, 必不果爲, 一擧足而不敢忘
其夫, 一出言而不敢忘其夫. 夙夜敬恭, 惟或遺家長之羞是懼, 使其夫爲賢
丈夫, 而使其身爲賢婦人, 則斯可謂能婦矣, 斯可謂盡婦道矣. 凡爲人婦者,
可不以是爲法哉.

右事家長章

각 사람들의 집안 형제들이 처음에는 서로 사랑하지 않음이 없지만 끝내 불의함이 있는 경우가 많으니 모두 장가들어 부인이 집안에 들어와 서로 다른 성씨가 함께 모여살기 때문이다. 동서 사이란 정은 소원하고 상황은 박절하고 군색하다. 정이 소원하기 때문에 서로 사랑할 줄 모르고, 상황이 박절하고 군색하기 때문에 서로 오로지 이기려고 하는 데에만 힘쓴다. 사랑하지 않는 정을 갖고 이기려고 애쓰는 마음만 지녔으니 그 서로 다투고자 하는 이들이 어찌 다시 돌아보고 살펴보려고 하는 것이 있겠는가?

이 때문에 긴 것으로 다투고 짧은 것으로 겨루며, 착한 것을 해치고 약한 것을 모함하면서 지어낸 말과 근거 없는 말들이 서로 일어나며, 참언하고 비방함이 아주 작은 데서부터 생겨 크게 드러나게 되어 드디어는 서로 싫어하고 틈이 벌어지게 된다. 서로 싫어하고 사이가 벌어진 사람이 자기 형제의 은혜를 끊어버리므로 형제들은 제각기 사사롭게 제가 사랑하는 것만 좋아하게 되고 각각 자기가 들은 것에만 빠져 그 근원을 찾거나 살피고자 하지 않으며 그 흐름을 막으려할 줄도 모른다. 그리하여 부부가 서로 협심하면서도 형제들은 서로 미워하여 집안이 나누어져 분가하고 집안 재산을 갈라가지면서 마치 도적과 원수처럼 여긴다. 이것들은 모두 부인의 소행이다. 세상 남자로서 마음이 굳센 사람 중에 몇 사람이나 능히 부인에게 미혹되지 않을 수 있을까? 이와 같이 집안에서 형제들이 싸우는 행적들이[8] 세

....

8) 집안에서 …… 행적들이 [鬩墻] : 혁장(鬩牆). 형제가 담 안에서 서로 다투는 일을 말한다. 『시경』〈당체(棠棣)〉에 '형제가 담 안에서 싸우지만 밖의 수모가 있을 때에는 함께 막아낸다.(兄弟鬩于墻, 外禦其侮.)'라는 데에서 나온 말이다.

상에 많이 들려온다.9)

아, 형제는 본래 한 기운을 나누어 가졌다. 숨을 헐떡이거나 들이마시거나 내쉬는 데에 기맥이 서로 이어져 있고, 길하고 흉한 일, 화와 복, 기쁨과 슬픔이 서로 연관되어 있다. 그러니 사람으로서 형제에 대해 어찌 가히 서로 화목하지 않을 수 있겠는가? 형제가 화목하면 집안의 도가 융성해지고, 집안의 도가 융성하면 부인 또한 그 복을 능히 함께 누릴 수 있다. 형제 사이가 어그러지면 집안 도가 없어지고 집안의 도가 없어지면 부인이 어찌 홀로 그 이로움을 받을 수 있으랴. 부인의 영광과 욕됨은 집안 도의 융성함이나 쇠퇴함과 관계되며, 집안 도의 융성과 쇠퇴는 형제 사이의 화목과 어그러짐에 따른다. 형제 사이의 화목과 어그러짐은 또한 부인들이 서로 사랑하느냐 사랑하지 않느냐에 달렸다. 그러니 부인들이 서로 사랑함은 다른 사람을 사랑하는 것이 아니라 자기 자신을 사랑함이다.

그렇지만 서로 능히 사랑하지 못하는 것이 어찌 유독 정이 소원해서 그렇겠는가? 사실은 생각하지 않기 때문이다. 만약 이를 능히 깨달아 서로 사랑하고자 한다면 그 방도는 서로 나쁜 것을 배우지 않는 데에 있을 뿐이다. 인정상 대개 집안의 환난은 서로 나쁜 것을 배우는 데에서 생겨나니 만약 서로 배우려고만 한다면 그만 둘 줄 모르게 된다.10) 그러면 점점 한층 더해지고 절차도 없애버려 드디어는 말할

---

9) '각 사람들의 집안 형제들이…… 능히 부인에게 미혹되지 않을 수 있을까?'라는 부분은 『소학』권5 〈가언·광명륜〉에 나오는 유개(柳開)가 그 아버지가 했다는 말과 거의 일치한다.

10) 만약 이를 ……모르게 된다: 여기에서 나오는 '상학(相學)'은 '서로 나쁜 점을 배운다.'라는 말이다. 『시경』〈사간(斯干)〉에 '형과 아우는 서로 사랑해야 하고 서

수조차 없는 데에 이르게 된다.

형제 및 동서 사이에 서로 나쁜 것을 배우려 하지 않는다면 어찌 어려운 일이 생기겠는가? 비록 저들이 내게 오만하게 굴더라도 나는 곧 그것을 배우지 않고 공경함을 다할 뿐이다. 저들이 비록 내게 은혜를 베풀지 않더라도 내가 그것을 그대로 배우지 않고 사랑함을 더 두텁게 할 뿐이다. 저들이 비록 내게 보답하지 않더라도 내가 그대로 하지 않고 베풂을 그만두지 않으면 될 뿐이다. 정성스런 마음이 쌓여 감동하여 돌아오게 하는 데에 힘쓰면 비록 아무리 못된 사람이라도 끝내 반드시 나에 의해 교화될 것이다.

동서들이 서로 돈독하고 형제가 서로 화목하면 집안 도가 융성하고 나 자신도 또한 영광스럽게 될 것이다. 내가 한번 굽혀 이를 행하여 그 성취한 것이 이처럼 성대하다면 한때 내 몸을 굽히는 일이 어찌 족히 근심할 거리가 되겠는가. 그리고 그 굽히는 것은 곧 천리와 인사의 당연한 것이고 지극히 선한 것이니 또한 어찌 진실로 굴욕당하는 것이 되겠는가? 『시경』에 말하기를 '형과 아우는 서로 사랑해야 하며 서로 같아져서는 안 된다.'[11]라고 했다. 장재(張載)는[12] 이를

....

로 같아져서는 안 된다.(兄及弟矣 式相好矣요 無相猶矣)'라는 구절에 대해 장횡거는 '불요상학(不要相學)'이라는 표현을 썼고 이에 대해 주자는 '서로 좋지 않은 점을 배우려고 해서는 안된다.'라고 해석했다. 따라서 여기에 쓴 '상학'이란 표현에는 '좋지 않은 점을 배운다.'라는 의미로 쓴 것이라 할 수 있다.

11) 『시경』〈사간(斯干)〉에 나오는 내용으로 '질펀히 흐르는 물가요, 그윽한 남산이로다. 마치 대나무가 떨기로 난 듯하고, 소나무가 무성한 듯하구나. 형과 아우다 모여서, 서로 좋아하고, 서로 같아지려해서는 안 되네.(秩秩斯干, 幽幽南山. 如竹苞矣, 如松茂矣. 兄及弟矣, 式相好矣, 無相猶矣.)'라고 하였다. 〈사간(斯干)〉은 형제 사이의 화목을 노래한 시이다.

해석하기를

    "형제는 마땅히 서로 사랑해야하고 서로 나쁜 것을 배워서는
    안 된다. 동서 사이에도 더욱 서로 권면해야한다."

고 하였다.[13]

위는 형제 및 동서들이 서로 대우하는 일에 관한 장이다.

> 人家兄弟, 其初無不相愛, 其終多有不義者, 皆緣娶婦入門, 異姓相聚.
> 而娣姒之間, 情踈勢逼. 情踈故不知相愛, 勢逼故專務相勝. 以不愛之情,
> 挾務勝之志, 則其所相加者, 豈復有所顧藉哉.
>
> 是以爭長競短, 忮善侮弱, 造言飛語胥興, 讒謗從微至著, 遂成嫌隙. 以
> 其嫌隙之人, 裁其兄弟之恩, 故爲兄弟者, 各私所愛, 各溺所聞, 不復究察其
> 源, 不知遏塞其流. 而夫婦相右, 兄弟交惡, 分門割戶, 患若賊讐. 此皆婦人
> 之所爲也. 世間男子剛腸者幾人, 能不爲婦人所惑乎.
>
> 此其鬩墻[14]之行, 多聞於世也.

....

12) 장재(張載) : 1020년~1077년. 중국 송나라 때 이학자. 자는 자후(子厚)이다. 횡
    거(橫渠鎭)는 섬성성 봉상(陝西省 鳳翔)에 있는 지명인데 장재가 그 곳 출신이
    었기 때문에 횡거 선생(橫渠先生)이라고 부른다. 이기일원론(理氣一元論)을
    주장했고 후대 주자 학문에 영향을 주었다. 장자(張子)를 그를 높여 부르는 말
    이다.
13) 『근사록집해』권6 〈가도(家道)〉에 나오는데 〈斯干詩〉에서 형과 아우는 서로
    사랑하지만 서로 같아져서는 안 된다고 하였으니, 이는 형제가 마땅히 서로 사
    랑하나 나쁜 점을 서로 본받지 말아야 한다는 말이다.(斯干詩言, 兄及弟矣, 式
    相好矣, 無相猶矣. 言兄弟宜相好, 不要廝學.)'라는 내용이 있다.
14) 鬩은 원래 鬩이다. 두 글자 모두 '다툰다'는 말이다.

噫! 兄弟本是一氣所分. 喘息呼吸, 氣脉相連, 吉凶禍福, 休戚相關. 則人於兄弟, 其可不相和乎. 兄弟和則家道隆, 家道隆則婦人亦能同享其福矣. 兄弟乖則家道喪, 家道喪則婦人安得獨蒙其利乎. 婦人之榮辱, 係於家道之隆喪, 家道之隆喪, 係於兄弟之和乖. 而兄弟之和乖, 又繫於婦人之相愛與不愛者, 則婦人之相愛, 非適愛人也, 乃所以自愛也.

然而未有能相愛者, 豈惟情疎而已, 實亦不思故也. 苟能覺此而欲其相愛, 其道在乎不相學而已也. 人情大抵患在相學, 苟要相學而不知止焉. 則輾轉層加, 節次挨去, 終至於不可說矣.

兄弟娣姒之間, 苟要不相學, 則更何有難事乎. 彼雖有慢於我, 我則不學, 致其敬而已. 彼雖無恩於我, 我則不學, 篤其愛而已. 彼雖不報於我, 我則不學, 不輟施之而已. 積以誠意, 惟務感回, 則雖甚無良者, 終必見化於我矣.

娣姒旣睦, 兄弟相和, 則家道隆而吾身亦有榮矣. 我一屈己爲此, 而所就若是其盛, 則其屈於一時者, 何足恤乎. 而其屈也, 乃天理人事之所當然而至善者, 則又豈眞爲屈哉. 詩曰 兄及弟矣, 式相好矣, 無相猶矣. 張子釋之曰 兄弟宜相好, 不要相學, 娣姒之間, 尤宜以此相勉也.

接兄弟娣姒章

사람의 착함과 악함은 그 처음의 습관으로부터 나온다. 좋은 습관과 나쁜 습관은 또 어떻게 이끌어주느냐에서 나온다. 그러므로 자식을 가르치는 일은 어렸을 때부터 해야 하며 아이를 가르치는 일은 오로지 어머니에게 달려 있다. 대개 아이들은 조금 식견이 생길 때에 가장 먼저 어머니가 하는 말을 듣게 되고 어머니가 하는 행동을 보게 된다. 그러므로 아이가 배우는 사람으로 어머니보다 앞서는 이가 없다. 아이의 습관은 이미 주어진 성품과 함께 형성되므로 어른이 되었어도 잊히지 않는다.

세상의 부인들 중 많은 이들이 자식 가르치기를 자신의 책무로 여기지 않는다. 그리고 한결같이 자애만을 위주로 하여 자식이 잘못해도 덮어주고, 자식이 다투어도 옆에서 거들어준다. 그 자기 마음대로 하도록 하여 커서는 교만하고 음험하게 되며 나쁜 말도 꺼리지 않고 듣도록 내버려두고, 사악한 행동도 꺼리지 않고 그냥 보게 놔 둔다. 어려서 나쁜 습관이 들면 커서도 가히 가르칠 수 없게 되니 이는 모두 어머니의 잘못이다.

　내가 보니 예부터 성인과 현인들이 덕을 이루었던 데에는 어머니의 현명함에서 비롯된 것들이 많았다. 맹자 어머니가 세 번 이사한 일, 정호(鄭顥)와 정이(程頤)의[15] 어머니가[16] 가르칠 때에 조금도 봐주지 않았던 일 등은 더욱 훌륭한 일이어서 후세에 어머니 된 이들이 가히 이것을 법으로 삼지 않을 수 있겠는가.

　며느리를 가르치는 일에 이르러서는 또한 당연히 처음 집안에 들어왔을 때부터 시작해야 한다. 며느리가 처음 집에 이르렀을 때에는 공경하는 마음을 품지 않음이 없으니 그 삼가는 것으로 인해 더욱 더하여 가르친다면 더욱 근신하게 되고, 가르침을 게을리 하면 그 처음의 마음을 버리고서 게으르고 소홀히 생각하게 된다. 이는 마치 벼슬하

---

15) 정이(程頤)와 정호(鄭顥): 정호(1032~1085), 정이(1032~1085)는 형제로 둘 다 송나라 송나라 때의 이학가(理學家). 아버지는 정향(程珦). 어머니는 후부인.

16) 정호…… 어머니 : 후부인(侯夫人)을 말한다. 정향(鄭珦)과 결혼하여 정호, 정이 형제를 낳았다. 『근사록』에 후부인이 자식을 가르치는 내용이 나온다. 자식들이 노비들을 꾸짖으면 다 똑같은 사람이라고 경계하였고 자식이 잘못하면 덮어주지 않고 아버지에게 알려 주었다. 또 자식이 음식 간을 맞추면 욕심대로 하는 것에 대해 경계했고 남들과 다투면 편들어 주지 않았고 오히려 굽히지 못함을 걱정하도록 하고 펴지 못함을 걱정하지 말라고 타일렀다고 한다.

는 이가 잘 다스려진 조정에 들어오면 덕이 날마다 나아지고, 어지러운 조정에 들어오면 덕이 날마다 퇴보하는 것과 같다.

대체로 며느리를 가르칠 때에는 마땅히 엄격함을 위주로 삼아야 한다. 엄격하게 하면 며느리는 감히 업신여기지 못하고 효도와 공경하는 마음이 더 생겨나게 되며, 엄격하지 않으면 며느리는 거리끼는 바가 없게 되어 효도와 공경심은 도리어 느슨해지게 된다. 그러므로 『주역』에서 말하기를

"집안에 엄한 임금이 있으니 부모를 말함이다."

라고 했다.[17]

그렇지만 며느리가 완고하고 미혹해서 가히 가르칠 수 없으면 그냥 내버려두고 다시 독촉하지 말아서 은혜를 상하고 의리를 해치는 데에까지 이르지 않도록 하는 것이 좋다. 왜 그런가? 단주(丹朱)와 상균(商均)의[18] 나쁜 습관은 요(堯)와 순(舜)도 능히 교화하지 못하였기 때문이다. 그러하니 아비와 자식, 시어머니와 며느리가 서로 의리를 잃게 되면 인륜의 지극한 변고이니 어찌 가히 무익한 가르침을 행하여 헛되이 그 변고만 생기게 하겠는가?

....

17) 〈가인괘(家人卦)〉에 나오니 '여자는 안에서 그 위치를 바르게 하여야 하고, 남자는 밖에서 그 위치를 바르게 하여야 한다. 남녀가 바른 것은 천지의 대의(大義)이다 집안에 엄한 이금이 있으니 부모를 말함이다.(象曰家人, 女正位乎內, 男正位乎外. 男女正, 天地之大義也. 家人有嚴君焉, 父母之謂也.)'라는 내용이 있다.

18) 단주(丹朱)와 상균(商均): 단주(丹朱)는 요의 아들, 상균은 순의 아들이다. 둘 다 가르쳐도 변하지 않았다고 한다.

이런 까닭에 가장이 되어 생각이 깊고 원대한 이는 그 처음부터 진실로 모두 가르치니 가르쳐도 들어오지 않으면 그만 둘 뿐이다. 차라리 자식이 다른 좋은 점을 지니고 있지 않을지언정 부모에 대한 효심을 잃게 만들어서는 안 되기 때문이다. 차라리 며느리가 다른 능력을 닦지 못하는 것이 나으며 시부모에게 순종하지 않게 만들어서는 안 되기 때문이다.

대개 아비와 자식이 친하고 시어머니와 며느리가 서로 잘 따라서 한 집안 안에 화기가 가득 차 넘치면 이것이 가장 좋다. 그러나 비록 자식과 며느리가 다른 좋은 점, 다른 능력을 갖고 있지 않아도 또한 친족을 보호하고 집안을 잘 유지하는 데에 해롭지는 않다. 아비와 자식이 서로 친하지 않고 시어머니와 며느리가 서로 잘 따르지 않아 서로 거슬러 화목함을 해치게 되어 온 집안 사람들이 서로 멀리 떨어지게 되면[19] 비록 자식과 며느리가 천하의 좋은 점을 갖고 있고 천하의 능력을 잘 닦았다고 해도 집안이 어지러워지고 종족 간에 서로 어그러짐을 면하지 못하게 된다. 또한 부모에게 효도하고 시부모에게 순종하는 것을 미루어 나아가 다른 좋은 점을 갖게 하는 것도 좋다. 그러하니 부모에게 효도하는 것을 잃고 시부모에게 순종하는 것을 잃고서 다른 좋은 점을 갖게 될 리는 아마도 없으리라. 그런 즉 저들이 자식이 되어 불효하고 며느리가 되어 순종하지 않는 이는 진실로 함께 베어 죽이기에도 부족하다. 그 가르치고 독려함을 그만두

---

19) 온 집안 …… 되면 [胡越] : 호(胡)는 북쪽에 있는 나라, 월(越)은 남쪽에 있는 나라로 서로 멀리 떨어져 있음을 말한다. 곧 온 집안 사람들이 서로 멀리하는 것을 의미한다.

지 못하여 격발시켜 원망이 생겨나게 하면 또한 부모나 시부모로서
좋게 처신한 것은 아니다.

위는 자식과 며느리 가르침에 관한 장이다.

人之善惡, 皆由於其初之所習. 習之善惡, 又由於其導之如何. 故敎子當
於童幼之時, 而敎之童幼, 專在於母. 蓋童子自其稍有知識, 已先聽母之所
言, 而視母之所爲. 故童子之所學, 莫先於其母. 而幼之所習, 便與性成, 至
長不忘矣.

世之婦人, 多不以敎子爲己之責, 而一以慈愛爲主, 過則掩之, 爭則右之.
縱其佚欲, 長其驕險, 惡言不憚使聞之, 邪行不憚使見之. 幼而習惡, 長而
不可敎, 此皆母之過也.

余觀自古聖賢之成德, 多由於其母之賢. 孟母之三遷, 程母之敎不少假,
尤其善者也, 後世爲人母者, 可不以是爲法乎.

至於敎婦, 亦當於始至. 婦之始至, 莫不懷敬, 因其有謹而更加提撕則加
謹, 慢之則棄其初心而從其怠忽. 如仕者入於治朝則德日進, 入於亂朝則德
日退也.

大抵敎子婦, 當以嚴爲主. 嚴則子婦不敢慢, 而孝敬之心益生, 不嚴則子
婦無所憚, 而孝敬之心反怠矣. 故易曰 家有嚴君焉, 父母之謂也.

雖然, 子婦頑迷不可敎者, 則置之不復督, 不使至於傷恩賊義可也. 何者.
朱均之惡, 堯舜之所不能化. 而父子姑婦之相失, 人倫之至變也, 豈可爲無
益之敎而徒致其有變耶.

是以爲家長而慮深遠者, 其初固皆敎之, 敎之不入則已之. 寧子之不有他
善, 不可使其忘孝於父母也. 寧婦之不修他能, 不可使其失順於舅姑也.

蓋父子相親, 姑婦相順, 一室之內, 和氣融洩, 則此其爲大善. 而雖使其
子婦無他善能之俯擧, 亦不害其爲保族宜家也. 父子不相親, 姑婦不相順,
悖逆傷和, 一家胡越, 則雖使其子婦盡有天下之善, 盡修天下之能, 亦不免
爲亂家悖宗矣. 且使其孝於親, 順於舅姑而推之, 以有他善則可矣. 而使其

失孝於親, 失順於舅姑, 而能有他善者, 必無之理也. 然則彼爲子而不孝,
爲婦而不順者, 固不足與誅, 而其敎督之不已, 激之使生怨, 亦父母舅姑之
爲不善處矣.

敎子婦章

　부인에게는 '칠거지악(七去之惡)'이 있는데[20] 질투가 맨 첫째이다.
투기하는 것은 부인의 가장 큰 악이니 성인도 지극히 경계했다. 이에
마음에 싹 트게 해서는 안 되고 이를 경계하지 않는 자를 집안에 들
여서도 안 된다. 하물며 양(陽)이 하나이고 음(陰)이 둘인 것은 천도
의 떳떳한 것이며 여러 여자들이 한 남편을 섬기는 일은 인사(人事)
의 마땅함이다. 두 여자가 시집간 일이[21] 『우서(虞書)』에[22] 실려 있
고, 소성(小星)이 일어나는 것을 주시(周詩)에서 읊었으니[23] 적처와

....

20) 칠거지악(七去之惡): 여자가 내쫓김을 당하는 일곱 가지 이유를 가리킨다. 『孔
　　子家語』에 三不去와 함께 나오는 말이다. '부인에게는 일곱가지 내쫓김을 당하
　　는 것이 있으니 부모에게 순종하지 않으면 내쫓기고, 자식이 없으면 내쫓기면,
　　음란하면 내쫓기고 투기하면 내쫓긴다. 고치지 못할 나쁜 병이 있으면 내쫓기
　　고 말이 많으면 내쫓기며, 도둑질해도 내쫓긴다.(婦有七去 不順父母去 無子去
　　淫去 妬去 有惡疾去 多言去 竊盜去)'라고 했다.
21) 두 여자가 …… 일: 이강(釐降)은 황제의 딸, 왕의 딸이 하가(下嫁)하는 일을
　　말한다. 이녀(二女)는 요(堯)의 두 딸로 아황(娥皇)과 여영(女英) 당시 신하였
　　던 순(舜)에게 시집갔다. 이 일은 『서경』 〈요전(堯典)〉에 나온다.
22) 우서(虞書): 『서경』의 편명.
23) 『시경』 〈소남(召南) 소성(小星)〉을 말한다. 이 시는 적처가 투기하지 않아 첩
　　에게까지 은혜가 미쳤다는 내용을 담고 있다. '반짝거리는 저 작은 별이여, 삼삼
　　오오 동쪽에 있도다. 조심하며 밤에 감이여, 밤늦게 공소에 있으니 실로 운명이

첩이 함께 사는 일은 그 옛적부터 볼 수 있다.

대개 부인은 다른 사람에게 복종하는 사람이니, 그 한몸의 사사로운 마음을 이기지 못하고 그 천도의 당연함 및 인사의 당연함과 다투고자 하는 것은 자신의 분수를 헤아릴 줄 모른다는 사실을 보여주는 것이다. 첩이면서 적처와 맞서는 것은 그 죄가 매우 크다. 적처이면서 첩을 질투하는 것 또한 어찌 착할 수 있겠는가?

설령 가장이 사랑하는 첩에게 미혹되어 푹 빠져서 적처를 소홀하게 여기고 박대하더라도 적처가 된 사람은 다만 분수를 헤아리고 운명에 맡겨 분하게 여기며 다툴 것을 생각지 않고, 첩을 대할 때에도 평상시와 다름없이 하면서 가장을 더욱 공경으로 섬기면 첩도 반드시 알고 감동할 것이고 남편도 후회하고 깨닫게 될 터이다. 만약 이렇게 하지 않고 오로지 성내고 다투어 이기고자 한다면 능히 이길 수 없을 뿐만 아니라 이는 장차 첩에 대한 원망이 더 증대하고 갈수록 남편과도 멀어지게 될 터이니 혹 집에서 쫓겨나는 욕을 당할 근심을 면치 못하게 될 것이다. 그러니 과연 어찌 이로움이 되겠는가?

또 세간의 집안에 변고가 생기는 것을 보면 적처와 첩이 서로 다투는 데에서 비롯한 경우가 많다. 작은 것으로 말하자면, 안팎이 서로 어그러지고 멀어져 꾸짖고 벌하는 일이 항상 행해져서 자녀들은 편안히 있지 못하고 여종과 노복들은 몸 둘 데가 없게 되어 그 기상이 처참하여 집안의 도가 날로 삭막하게 된다. 큰 것으로 말하자면,

....

같지 않도다. 반짝거리는 저 작은 별이여, 삼성과 묘성이로다. 조심하며 밤에 감이여, 이불과 홑이불을 안고 가니 실로 운명이 같지 않도다.(嘒彼小星, 三五在東. 肅肅宵征, 夙夜在公. 寔命不同. 嘒彼小星, 維參與昴. 肅肅宵征, 抱衾與裯, 寔命不猶.)'

적처와 첩 사이가 서로 원수같이 여기고 원망하는 마음이 뼛속까지 사무쳐 항상 해칠 생각만 품고, 은밀히 제거하고 분풀이할 일을 도모하느라 요망한 일을 지어내고 망측한 일을 만들어 그것들이 이르지 않는 곳이 없게 되니 그 화가 자손들에게까지 미치고 집안에는 살아남은 이가 없게 될 정도이다.[24] 이는 모두 적처가 총애에 대해 과도하게 질투하여 원망을 깊이 사게 되었기 때문이다. 그러니 가히 경계하지 않겠는가?

위는 첩을 대하는 일에 관한 장이다.

婦有七去之惡, 妬居其一. 妬者婦人之大惡, 而聖人之至戒也. 是不可萌於心, 而有不戒於此者, 不可容於家也. 況陽一而陰二, 天道之常然者也, 衆女而事一夫, 人事之當然者也. 二女釐降, 載於虞書, 小星起興, 詠於周詩, 嫡妾之同居, 可見其古矣.

夫以婦人之伏於人者, 而不勝其一己之私意, 欲爭其天道之常然人事之當然者, 則亦見其不知量也. 妾而尤嫡, 其罪固大, 而嫡而妬妾, 亦豈爲善.

雖使家長惑溺妾媵, 踈薄正嫡, 爲正嫡者, 但當推分委命, 不思忿爭, 待妾媵不改於常, 事家長益致其敬, 則妾必知感, 而夫或悔悟矣. 若不出此, 惟以忿爭欲勝之, 則不惟不能勝, 是將增怨於妾, 愈阻於夫, 而或不免於黜辱之患矣. 果何益哉.

且觀世間家變之作, 多由於嫡妾之相爭. 小則內外乖隔, 譴罰常行, 子女

....

24) 살아 남은 …… 정도[噍類]: 초류란 살아 남은 사람을 말하는 것으로 『한서(漢書)』〈고제기(高帝紀)〉에 나오는 말이다. 그 기록에 '일찍이 양성(襄城)을 공격하여 양성에서는 초류(噍類)가 없어 지나는 곳마다 다 죽지 않음이 없었다.(嘗攻襄城 襄城無噍類 所過無不殘滅)'고 했는데 그에 대한 주석을 보면 '살아서 초식(噍食)하는 자가 없다고 풀이했다.

不獲安, 婢僕無所容, 而氣像愁慘, 家道日索矣. 大則嫡妾之間, 讐怨次骨, 常懷鴆毒, 陰圖除忿, 與妖作孽, 無所不至, 而禍延子孫, 家無噍類矣. 此皆正嫡之過於妬寵而取怨之深也. 可不戒之哉.

右 侍[25]妾媵章

율곡선생이 말하기를

"비복들은 나의 수고를 대신해주니 마땅히 먼저 은혜를 베풀고 뒤에 위엄을 펼쳐야 그 마음을 얻을 수 있다. 임금이 백성에 대한 것과 주인이 종에 대한 것은 그 한 가지 이치이다. 임금이 백성을 아끼지 않으면 백성들은 흩어지고, 백성들이 흩어지면 나라가 망하게 된다. 주인이 노복을 아끼지 않으면 노복들을 흩어지고, 노복들이 흩어지면 집안은 패망하는 형세가 반드시 이르게 된다."

고[26] 했다. 이 말은 정녕 노복을 둔 자라면 마땅히 마음 속에 깊이 새겨두어야 한다.

대개 노복을 다스리는 방도는 그 마음을 감복하게 하는 데에 있을 뿐이다. 그 마음을 감복하게 하는 방법으로는 굶주림과 추위에 떠는

....

25) 『규범』에는 시(侍)로 쓰여져 있는데, 〈한씨부훈〉에는 대(待)로 되어 있으므로 대(待)로 써야 한다.
26) 이 내용은 『栗谷先生全書』卷27 〈격몽요결(擊蒙要訣)-거가장(居家章)〉에 나온다.

것을 애달파하여 옷과 먹을 것을 넉넉히 해주고 먼저 가르친 다음에 꾸짖고 벌을 주는 데에 있다. 작은 잘못을 잘 헤아리고 대략 처리하고, 과실과 재해(災害)로 인해 저지르게 된 죄는 용서해주어야 한다. 공이 있으면 가상하게 여겨 칭찬하고 능히 하지 못하는 것에 대해서는 긍휼히 여겨야 한다. 정성스러움을 믿어 일을 맡기는데 잘못함이 아직 드러나지 않았으면 먼저 캐묻지 말아야 한다. 일을 시키는 명령은 마땅히 번잡하게 해서는 안 된다. 번잡하면 아랫 사람들이 어떻게 해야할지 모르게 되어 반드시 싫어하고 게으름을 피우며 명령을 업신여기는 데까지 이르게 된다. 점검이나 살피는 일을 가혹해서는 안 된다. 가혹하게 하면 아랫 사람들이 스스로 용납할 수 없으므로 더욱 교묘하게 상전을 속이고 기만하게 된다.

은혜와 위엄은 한쪽으로 치우치게 해서는 안 된다. 그러니 가장은 마땅히 위엄을 주로 해야 하고 가모(家母)는 마땅히 은혜로움을 주로 해야 한다. 벌주고 상 주는 일을 편벽하게 시행해서는 안 된다. 그러니 착한 일에 대해 상을 주는 일은 마땅히 후하게 하고, 악한 일에 대한 벌은 마땅히 가볍게 해야 한다. 그리하여 노복들이 바깥 주인은 위엄있다고 여기고 안주인이 은혜롭다고 생각하도록 하고, 상 받음을 영광으로 알고 벌 받음을 부끄러워하게 한다. 그러면 태만한 마음이 없을 것이고 또한 배반하고자 하는 마음도 없을 것이다. 이른 바 '그 마음을 감복시킨다.'라고 하는 것이 그런 것이다.

마음에 감복하게 되면 아랫사람들은 스스로 그 힘을 다하므로 일이 이루어지지 않음이 없을 것이다. 그 마음을 감복시키지 못하면 아랫사람들은 정성을 다하지 않을 터이니 일을 억지로 시켜 이루어낼 수 없다.

음란한 행실을 좋아하는 자들, 골육 사이를 이간질하는 자들은 더욱 따끔하게 금지하고 억제해야 한다. 만약 끝내 뉘우치지 않으면 마땅히 물리쳐 멀리 보내야 한다. 차라리 대신 일하는 사람이 없어 몸소 물 긷고 절구질하게 될지언정 이런 무리들을 계속 두고 있으면서 우리 집안의 도를 어지럽게 해서는 안 되기 때문이다.

위는 비복들을 다스리는 일에 관한 장이다.

栗谷先生曰 婢僕代我之勞, 當先恩而後威, 乃得其心. 君之於民, 主之於僕, 其理一也. 君不恤民則民散, 民散則國亡, 主不恤僕則僕散, 僕散則家敗, 勢所必至也. 此言正當有僕者之所深體念者也.

大抵御僕之道, 在服其心而已. 其所以服其心者, 在乎軫飢寒而優衣食, 先敎誨而後責罰. 略細過而赦眚災, 嘉有功而矜不能. 量才而使之, 而力之不及, 不强使之. 推誠而任之, 而惡之未著, 不先探焉. 敎令不當煩. 煩則下莫知所從, 而必至於厭怠慢令矣. 撿察不當苛, 苛則下無所自容, 而益巧於欺詐罔上矣.

恩威不可偏操. 然家長當主於嚴而家母當主於恩. 刑賞不可偏施. 然賞善當依於厚 而罰惡當依於輕. 使婢僕嚴外而懷內, 榮賞而恥罰. 則旣無怠慢之心, 亦無離叛之志矣. 所謂服其心者然也.

服其心則下自盡其力, 而事無不集矣. 不服其心則下不用其誠, 而事不可以强就矣.

至於好行淫亂者, 離間骨肉者, 尤宜痛加禁抑. 若終不悛, 亦當斥而遠之, 寧可無代勞而親操井臼, 不可蓄此輩而亂我家道矣.

右御婢僕章

남자의 바른 자리는 바깥에 있고, 여자의 바른 자리는 안에 있다.[27] 부부 사이의 구별을 엄격하게 함은 집안을 바르게 하는 큰 실마리이다. 이 때문에 집안 일 중 바깥 일과 관련한 것은 마땅히 가장이 모두 주관해야하고, 집 안과 관련한 일은 마땅히 가모가 모두 주관하여 서로 침범하거나 넘나들지 않는다. 각각 그 도리를 다할 것을 생각해야 하고 그런 연후에야 생각이 정일(精一)해져 조처함을 조용히 하게 되고 일을 다스리는 데에 법도가 있게 되어 일을 이루어낼 수 있는 단서를 쉽게 찾을 수 있다.

　　가모가 주관하는 것은 여러 부녀들과 여러 여종을 거느리고 음식과 의복을 다스리는 데에 불과할 뿐이다. 그 일은 매우 간단하여 쉽게 수행할 수 있고 그 기술도 많지 않다. 오직 부지런히 일하고 아껴 쓰는 것에 있을 뿐이다. 만약 일을 부지런히 해내고 아껴 쓴다면 맨손으로도 능히 집안을 이루어낼 수 있다. 하물며 선조께서 남겨주신 업을 바탕으로 삼을 수 있고 가장이 밖에서 도와줌을 받을 수 있음에랴.

　　노나라 문백(文伯)의 어머니가 말하기를

　　　　"왕의 후비들이 친히 현담(玄紞)을 짜고, 공후(公侯)의 부인들
　　　　은 굉연(紘綖)을 만들며 경(卿)의 아내는 큰 띠를 만든다. 명부
　　　　(命婦)들은 제사 때의 옷을 짓고, 선비의 처들은 조복(朝服)을
　　　　지어내며 서사(庶士) 이하에 있는 이들은 모두 그 남편의 옷을

----

27) 이 말은 『주역』〈가인괘(家人卦)〉단사에 나오는데 '가인(家人)은 여자가 안에
　　서 위치를 바르게 하고 남자가 밖에서 위치를 바르게 하니, 남자와 여자의 바름
　　이 천지의 대의이다.(象曰 家人 女正位乎內 男正位乎外 男女正 天地之大義
　　也)'라고 하였다.

만든다. 봄 제사 때에 각각 그 일을 분담하여 받아 행하고 가을
제사 때에 그 공을 바친다. 남녀가 방적한 것을 살펴 허물이 있
으면 곧 벌을 주니 옛날의 제도이다."

라고 했다.

이 말을 보면 실을 뽑아 내어 꼬기, 옷감 짜기 같이 부인들이 해야
할 일을 천자의 후비부터 친히 하고 꺼리지 않았다는 말이다. 하물며
일반 백성이나 가난한 선비의 아내는 어떠하겠느냐.

요즘 세상의 부인들은 편안함만을 즐기고 일하는 것을 부끄럽게
생각하며, 손을 놓고 용모만 가꾸면서 집안일을 몸소 하지 않는다.
비록 일을 하더라도 부지런히 하지 않고 씀씀이도 또한 절약하지 않
아서 부유해도 계속 이어나가기 어려울 지경이다. 하물며 본래부터
집안 재물이 부족함에랴. 한번 탕진하면 다시 살아날 수 없어 안으로
는 그 자신조차 보호할 수 없고, 밖으로는 가장을 봉양할 수 없으며,
위로는 선조들의 당부한 것도 추락하게 하고, 아래로는 자손들이 이
어받아 의지할 것까지 없애버린다. 그러한 즉 한 사람의 부지런함과
부지런하지 않음은 이처럼 집안의 도가 흥성하느냐 쇠미해지느냐와
연관된다. 그러하니 가히 두려워하지 않을 수 있겠는가? 무릇 부인
들은 이를 잘 살펴 깨달아야 할 것이다.

위는 집안일을 주관하는 일에 관한 장이다.

男正位乎外, 女正位乎內. 夫婦之別嚴者, 正家之大端也. 是故凡家事之
涉於外者, 家長皆當主之, 涉於內者, 家母皆當主之 不相侵越. 各思盡道,
然後思慮精一, 舉措從容, 治事有法而事易就緒矣.

若家母之所主, 不過率衆婦女衆女僕, 以治飮食衣服之事而已. 其事甚簡, 其務易擧, 而其術不多. 惟在乎作之勤而用之節耳. 苟作之勤而用之節, 則亦有白手而能成家者矣. 況藉先人之遺業, 承家長之外調者乎.

魯文伯之母曰 王后親織玄紞, 公侯之夫人, 加以紘綖, 卿之內子爲大帶. 命婦成祭服, 列士之妻, 加之以朝服, 自庶士以下, 皆衣其夫. 社而賦事, 烝而獻功. 男女效績, 愆則有辟, 古之制也.

觀於此言, 則紡績織紝婦人之功, 自天子之后, 親爲之不憚矣. 況於庶人寒士之妻乎.

今世婦人, 或樂於安佚, 或恥於服勞, 袖手斂容, 不親家務. 作之旣不勤, 而用之又不節, 富而難繼, 況於素貧家資, 一蕩不可復生, 內無以庇其身, 外無以奉家長, 上以隆先人之遺托, 下以蔑子孫之承藉. 則一人之勤不勤, 而其所繫家道之興喪如此. 可不懼哉. 凡厥婦人, 其視諸此乎.

右幹家務章

부인이 집 안에서 살면서 교령(敎令)이 규문 밖으로 나가서는 안 된다. 캐묻는 일을 바깥 사람들과 서로 통해서는 안 되니 서로 왕래하는 사이에도 함께 하지 않는 듯이 해야 한다. 술과 음식을 마련하여 손님들에게 이바지함으로써 손님을 접대하는 주인의 즐거운 마음을 이끌어 가는 것은 부인에게 달려 있다. 그러하니 부인은 교제함에 있어서 또한 함께 하지 않음이 없는 것이다. 옛적의 부인들이 머리카락을 잘라 음식을 마련하여 손님들에게 냈던 일은 대개 이러한 것이다.

가난한 집에서는 술과 음식을 마련하는 일에 어려움이 있을 터이지만 또한 그 유무(有無)에 따라서 하되 정결함을 다하면 된다. 그리고 또 마련하기 어렵다는 뜻이 밖으로 드러나지 않게 하여야 한다.

그런 즉 물품이 비록 풍족하지 않더라도 그 마음을 가히 잘 드러낼 수 있으니 저 손님으로 오는 자가 어찌 더욱 그 의로움에 감동하지 않겠는가. 세상에서는 혹 술과 음식을 마련하는 일을 아까워하여 손님들을 싫어하고 박하게 대접하기도 한다. 그리하여 결국에는 좋은 손님들로 하여금 발길을 끊게 하여 가장의 수치를 더하는 자들도 있다. 이는 가히 경계해야지 보고 배워 그대로 따라 해서는 안 된다.

위는 손님을 접대하는 일에 관한 장이다.

> 婦人居內, 敎令不出於閨門. 問訊不通於外人, 則其於交際之間, 似無所與. 而若其營辦酒食, 供奉賓客, 以導接賓主之懽意者, 是在婦人, 則婦人之於交際, 亦不爲無與矣. 古之婦人, 有截髮備食以供賓客者, 蓋爲此也.
>
> 貧家酒食雖有難辦者, 亦當稱其有無, 致其精潔. 而又不使難辦之意示於外. 則物雖不豊, 情則可見, 彼賓客之來者, 尤豈不感其義乎. 世或有慳辦酒食, 厭薄賓客. 遂使佳賓絶跡, 厚爲家長之羞者, 此可戒而不可效也.
>
> 右 接賓客章

제사의 예절은 먼 조상을 추모하고 근본에 보답하여 효를 펼치고 정성을 깃들게 하는 까닭이니 각 집안의 큰 예절로써 이보다 더 큰 것은 없다. 주관하고 마련하는 책임과 익히고 차리는 절도는 모두 주부에게 달렸다. 가난하고 누추한 집에서는 또 물품을 취하여 준비하는 일이 어려운 즉 주부가 된 이가 가히 게으른 마음을 갖고서 제사를 받들 수 있겠는가.

새로 나온 물품을 보면 감히 먼저 먹지 않으며, 가히 제사에 올릴 수 있는 것은 함부로 쓰지 말고 잘 간수해두고 평소 잘 모아두어야 한다. 음식을 익히는 데에 정결함을 다하고 진열하고 올리는 데에 그 정성을 다한다면 제수가 비록 변변찮을 지라도 귀신이 반드시 흠향할 것이다.

만약 선조를 받들고자 하는 마음으로 하지 않으면 다만 제수를 마련하는 일을 어렵게만 여기게 되고, 정성을 다하려는 마음으로 하지 않으면 그저 책무만 때운다는 것을 위주로 하게 된다. 그러면 비록 대뢰(大牢)를[28] 바쳐 흠향하도록 한들 귀신 또한 돌아보지 않을 터이다. 이는 장차 주인의 불효를 더 무겁게 하고 선조들의 사당에 들어갈 면목을 없게 만드는 일이다.

아아! 가히 경계하지 않을 수 있겠는가?

위는 제사를 받드는 일에 관한 장이다.

祭祀之禮, 所以追遠報本, 伸孝而寓誠者, 則人家大節, 莫過於此. 營辦之責, 熟設之節, 皆在於主婦. 而貧窶之家, 又難取次備物, 則爲主婦者, 其可以慢心而奉之哉.

見新物則不敢先食, 有可用於薦者, 不敢妄費, 藏之堅而蓄之素. 熟餁極其潔而陳薦極其誠, 則物雖菲薄, 神必享之矣.

若不以奉先爲意, 而只以營辦爲難, 不以致誠爲心, 而徒以塞責爲主. 則雖擧大牢之享, 神亦不顧歆矣. 是將重主人之不孝, 而無以爲顔於入先人之

....

28) 대뢰(大牢): 제사 때에 소·양·돼지를 함께 올리는 것. 제사 음식을 아주 성대하게 차리는 것을 말한다.

廟矣. 嗚呼! 可不戒哉.

右 奉祭祀章

부인이 집안에서 행하는 것들은 위에 모두 말했다. 그러나 스스로 그 몸을 먼저 다스리지 않으면 또한 근본으로 삼을 것이 없게 된다. 이에 부덕(婦德)을 신중히 여기는 것은 일생동안 해야 할 일이며 많은 일들이 모두 한 데에 모이는 끝이기 때문이다.

대개 부인의 덕은 곧고 조용하며 온화하고 순종하는 것보다 귀한 것이 없다. 곧음이란 두 남편을 섬기지 않아 더러운 욕을 받지 않고 장중하고 삼가며 스스로 지탱하여 음란함을 가르치지 않는 부류가 이것이다. 조용함이란 언어가 간단하고 중후하며 행동거지를 안정되고 천천히 하며, 웃되 잇몸까지 드러내지 않고 화를 내지만 욕하는 데에까지 이르지 않은 것들이 이것이다. 온화함은 사람을 접대함에 화기롭게 하는 것을 말하고, 순종함이란 다른 사람에게 복종함을 일컫는다. 이 네 가지가 갖추어지면 모든 선한 것들이 있게 된다. 한번 신중하게 하지 않으면 부덕은 어그러질 터이니 어찌 조심하지 않을 수 있으랴?

내가 일찍이 속으로 이상하다고 생각한 것은 사람들이 덕을 가장 귀하다고 하고 그 자신을 가장 사랑하면서도 스스로 그 덕을 해치고 그 자신을 해치는 이가 있다는 사실이었다. 왜 그런가? 이는 대개 자신의 욕심을 따르는 데에 급급하여 착한 일을 행하는 것을 돌아볼 겨를이 없어서이다. 모름지기 알지 못하는 사이에 선을 행하면 그 경사로움은 막대하니 사람이 당연히 하고 싶어하는 것으로서 이보다 더한 것도 없다. 욕심대로 따르는 일은 그 근심이 막대하니 사람들이 당연히 싫어하는 것으로서 또한 이보다 더한 것이 없다. 저 착함이 주는 경사로움에 등을 돌리고 욕심이 불러들이는 근심으로 나아가기를 좋아하는 이들은 다만 생각하지 않을 뿐이다. 바라건대 자세히 살펴 판단하고 너희들도 잘 살폈으면 한다.

무릇 사람이 착한 일을 하는 데에 스스로 한가하게 놀 겨를이 없으니 부지런히 기예와 학문을 닦으면 그 재주가 날로 진보할 것이다. 부형에게 순종하고 행동을 반드시 충성스럽고 믿음직스럽게하면 덕이 나날이 새로워 질 것이다. 어려서부터 힘쓸 것을 알고 커서는 더욱 힘쓰면, 재주가 날로 발전하여 그 기예가 못할 것이 없는 데에 이르게 되고, 덕이 나날이 새로워져 행동거지가 닦여지지 않은 것이 없음에 이르게 되니 이야말로 곧 하늘과 땅이 만들어낸 사람이라고 하는 것이다.

이로써 하늘에 복을 빌면 하늘은 반드시 도와준다. 이로써 사람에게 도움을 구하면 사람들은 반드시 도움을 줄 것이다. 며느리와 사위를 고르는 사람들은 모두 그를 얻기를 원한 터이고, 지체가 낮은 이를 뽑아 올려 드날리게 하려는 이들은 다투어 먼저 그를 추천할 것이다. 집에 들어가면 부모가 그를 사랑하고 형제가 그를 중하게 여겨 한 집안에서 거스르는 바가 없게 될 터이다. 집 밖으로 나가면 고을 사람들이 칭찬하고 온 세상 사람들이 흠모하여 한 세상에 대해 부끄러울 바가 없을 터이다. 말을 하면 믿지 않은 이가 없을 터이고 행동거지는 기뻐하지 않는 이가 없을 터이다. 그러면 항상 넓은 마음을 품고 즐겁게 생을 마칠 수 있다. 태어나 영광스런 길에 처하고 많은 좋은 것들이 모두 자기에게 돌아오고, 죽어서는 간책(簡策)에[29] 쓰여져 만세에 영원히 본보기가 될 터이니 이에 그 경사로움이란 어떠하냐?

사람으로서 욕심만을 따르는 자는 그 지체를 게으르게 놀리고 모든 일에 태만하여 버려두니 재주가 날로 어그러진다. 그 부형을 속이고 방자하게 행동하고 사악하고 편벽되게 구니 악이 날로 쌓인다. 어려서 습관이 되어 커서도 고칠 줄 모른다. 재주가 날로 어그러져 하나도 능히 할 수 없는 지경에 이르고, 악이 날로 쌓여 하지 못하는 짓이 없게 되니 이런 즉 하늘과 땅이 버린 사람이라고 말한다.

이로써 하늘에 복을 구한들 하늘이 어찌 돕겠는가? 사람들에게 도움을 구한들 어느 누가 도움을 주겠는가? 며느리와 사위를 고르는 사람들은 버리고 취하지 않으며, 지체 낮은 이를 뽑아 올려 드날리게 하려는 자도 비루하다고 생각하고 돌아보지 않을 터이다. 집에 들어가면 부모가 그를 미워하고, 형제들이 그를 천대할 터이니 한 집안에서 행할 바가 없게 된다. 집 밖으로 나가면 온 마을 사람들이 그에게 침을 뱉고, 온 세상 사람들이 등을 돌려 한 세상 안에 용납되는 데가 없다. 말을 해도 응답하는 이가 없으며 어딜 가도 수응해주는 이가 없다. 그리하여 항상 서러운 마음을 품고 수치심에 싸여 생을 마치게 된다. 태어나 하류에 있게 되고 많은 나쁜 것들이 모두 모여 올 것이며, 죽어서는 도올[30]에 비교되어 만세토록 경계의 대상이 된다. 이에 그 근심스러움이 또 어떠하겠는가?

....

29) 간책(簡策): 역사서를 말한다.
30) 도올(檮杌): 전욱(顓頊)의 아들로 곧 곤(鯀)을 말한다. 완악하기로 유명하여 혼돈(渾敦), 공공(共工)과 함께 삼흉(三凶)으로 불린다. 이에 대한 내용은 『春秋左傳』〈文公18年〉, 『書經』〈舜典〉 등에 나온다.

하나의 착함, 하나의 악함이 영광과 욕됨을 가른다. 하나의 영광과 하나의 욕됨은 이롭기와 해롭기가 잘 대비된다. 이 어찌 분간하기 어렵겠는가? 그러나 오히려 좇아야 할 것과 버려야할 것을 잘못하여 영광에 등돌리고 욕됨을 향해 나아가며, 이로움을 버리고 해로움을 취하니 이는 귀가 있어도 듣지 못함이고, 눈이 있어도 보지 못함이며, 마음은 있으나 앎도 없고 깨달음도 없는 것이다.

아아! 너희를 어떻게 하면 구제할 수 있을까?

위는 부덕을 삼가야한다는 데 대한 장이다.

婦人之行於家者, 其說備於上矣. 然不先有以自治其身, 則又無以爲本也. 此謹婦德, 所以爲一生事而爲衆事總會之極也.

蓋婦人之德, 莫貴乎貞靜和順也. 貞者, 不更二夫, 不受汚辱, 莊敬自持, 不誨淫泆之類是也. 靜者, 言語簡重, 動止安徐, 笑不至矧, 怒不至詈之類是也. 和謂和於接人也. 順謂順於伏人也. 四者備則衆善可有, 而一不謹則婦德虧矣. 可不敬哉.

余嘗竊惟人莫貴於其德, 莫愛於其身, 而乃有自暴其德, 自暴其身者. 何哉? 此蓋急於徇欲而不暇顧於爲善也. 須不知善之爲也, 其慶莫大, 而人之所當欲, 莫甚於此也. 欲之徇也, 其患莫大, 而人之所當惡, 亦莫甚於此也. 彼樂於背善之慶趁欲之患者, 特其不思而已矣. 請詳辨之, 衆試察焉.

夫人之爲善者, 不自暇逸, 勤修藝業而才日進矣. 順於父兄, 行必忠信而德日新矣. 幼而知懋, 長益加勉, 才日進而至於藝無不能, 德日新而至於行無不修, 則是謂天地之成人也.

以是求福於天而天必祐之. 以是求助於人而人必與之. 擇婦婿者, 咸願得之, 揚側陋者, 爭先推之. 入則父母愛之, 兄弟重之, 而無所忤於一家矣. 出則鄕黨稱之, 擧世慕之, 而無所愧於一世矣. 言莫不信, 行莫不說. 常懷坦蕩 快樂以終. 生而處於榮塗而衆善皆歸, 歿而書諸簡策而萬世爲法, 此其爲慶如何哉.

人之徇欲者, 惰其支體, 慢棄事功而才日虧矣. 欺其父兄, 肆行邪僻而惡日積矣. 幼而成習, 長不知改. 才日虧而至於無一有能, 惡日積而至於無所不爲, 則是謂天地之棄人也.

以是求福於天而天曷祐焉. 以是求助於人而人孰與焉. 擇婦婿者, 棄不取焉, 揚側陋者, 鄙不顧焉. 入則父母惡之, 兄弟賤之, 而無所行於一家矣. 出則鄕黨唾之, 舉世背之, 而無以容於一世矣. 言無與答, 行無與酬. 常懷戚戚, 包羞以終. 生則處於下流而衆惡皆歸, 死則比於橋杌而萬世爲戒. 此其爲患, 又如何哉.

一善一惡, 榮辱判焉, 一榮一辱, 利害較然. 此豈難辨也哉. 然而猶失於趨舍, 背榮而向辱, 去利而取害, 則是有耳莫聞, 有目莫見, 而有心莫知莫覺也.

嗚呼! 於汝何救哉.

右 謹婦德章

규범 하편(閨範下篇)

숙인 풍산 심씨는[1] 청천당(聽天堂) 심수경(沈守慶)의[2] 딸이며 주

....

1) 풍산 심씨 : 1566년~1630년(명종 11~인조 8). 아버지는 심수경, 어머니는 신파 (申坡) 딸이다. 딸 5명 중 넷째 딸로 조경인과 결혼했다. 언니들은 각각 정연 (鄭淵), 홍기영(洪耆英), 전홍국(全弘國) 과 결혼했고 여동생은 성립(成砬)에게 시집갔다. 아버지는 심씨에 대해 '여자 중의 성현이며 우리 집 딸들은 문장을 잘했다.'고 평하였다. 아들 조문수(曹文秀)가 하령군(夏寧君)에 봉해져 정경부 인에 추증되었다.

2) 심수경(沈守慶) : 1516년~1599년(중종 11~선조 32). 본관은 풍산(豊山). 자는 희안(希顔), 호는 청천당(聽天堂). 심정(沈貞)의 증손으로, 할아버지는 심응(沈 膺)이고, 아버지는 심사손(沈思遜)이며, 어머니는 이예장(李禮長)의 딸이다. 1546년(명종 1) 식년문과에 장원으로 급제, 사가독서(賜暇讀書)하였다. 1552년 검상(檢詳)을 거쳐 직제학을 지냈다. 1562년정릉(靖陵: 中宗陵)을 이장할 때, 경기도관찰사였는데 대여(大輿)가 한강을 건너는 선창(船艙) 설치를 하지 않았 던 일로 파직되었다. 1590년(선조 23) 우의정에 오르고 기로소에 들어갔다. 1592년 임진왜란이 일어나자 삼도체찰사가 되어 의병을 모집하였고, 1598년 벼 슬에서 물러났다. 문장과 서예에도 능하였다. 저서로는 『청천당시집(聽天堂詩 集)』・『청천당유한록(聽天堂遺閑錄)』등이 있다.

부 조경인(曹景仁)의[3] 아내이다. 열다섯 살에 조씨에게 시집갔다. 자식을 임신했을 때 평소의 행동과 먹고 마시는 일 등을 한결같이 옛날 사람들의 태교 방식을 따랐다. 자식이 태어나 자라게 되었을 때 가르치고 훈계하여 점진적으로 나아가게 하였는데 무섭게 하지는 않았지만 위엄 있게 했다.

행동거지는 스승다운 법도가 있었다. 규문 안이 매우 조용하고 엄숙하여 절대 질타하거나 시끄럽게 떠드는 소리가 없었다. 여러 글과 역사를 읽어 큰 뜻에 통달했지만 다른 사람들에게 말한 적이 없었다. 항상 말하기를

"실 잣고 옷감 짜고 제기를 다루는 것이 바로 내가 해야할 일 이니 문장을 왜 하겠는가?"

라고 했다. 오직 여훈 등의 여러 편만을 익히면서 늙을 때까지 잊지 않았다.[4]

(『택당집』에 보인다. 택당은 이식(李植)의 호이다)

> 淑人豐山沈氏. 聽天堂沈公守慶之女. 注簿曹景仁之配也. 十五, 歸曹氏. 其妊子, 起居飮食, 一遵古人胎敎. 旣生長, 敎誨漸磨, 不苛而嚴.

---

3) 조경인(曹景仁) : 1555년~1615년(명종 10~광해군 7). 본관은 창녕. 자는 원숙(元叔), 아버지는 조대건(曹大乾), 어머니는 윤관(尹瓘) 딸. 1579년(선조 12) 진사시(進士試)에 합격, 사포서 별제(司圃署別提)가 되었고 주부(主簿)에 이르렀다. 조한영(曹漢英)이 손자이다.

4) 이식,『택당집』권10,〈숙인 심씨 묘지(淑人沈氏墓誌)〉에 있다.

動有師法, 閨門雍肅, 絶無叱喝喧譁之聲. 閱書史通大義, 然未嘗以語人. 常曰組紃籩豆吾職也, 文於何有. 惟服習女訓諸篇, 至老不忘.

(見澤堂 李公植號集.)

정경부인 안동 김씨는[5] 뇌연(雷淵) 문청공(文淸公) 남유용(南有容)의[6] 세 번째 부인이며 금릉 남공철(南公轍)의[7] 어머니이다. 자식

....

5) 안동 김씨 : 1733년~1804년. 향년 72세. 김석태(金錫泰) 딸. 어머니는 최석규 (崔錫圭) 딸이다. 남유용의 세 번째 부인이다. 남유용의 첫 부인은 유명홍(兪命弘 딸), 둘째부인은 최당(崔襠) 딸이다.

6) 남유용(南有容) : 1698년~1773년(숙종 24~영조 49). 본관은 의령(宜寧). 자는 덕재(德哉), 호는 뇌연(雷淵)·소화(小華). 서울 출신. 증조할아버지는 남용익 (南龍翼)으로, 할아버지는 남정중(南正重), 아버지는 남한기(南漢紀)어머니는 청송심씨(靑松沈氏)이다. 이재(李縡)의 문인이다. 1721년(경종 1)에 진사가 되고, 1740년(영조 16) 알성 문과에 병과로 급제해 그해에 정언이 되었다. 이때에 간관은 의리를 궁극적으로 밝히는 것이 임무이므로 필요하다면 시비를 끝없이 따져야 한다는 간관지책(諫官之責)에 대한 상소를 올렸다. 이러한 주장은 영조에게는 대단히 거슬리는 상소였기 때문에 결국 해남으로 찬배되었다. 1754년에 원손보양관(元孫輔養官)이 되어 뒤에 정조가 된 세손을 세살 때 무릎에 앉혀놓고 글을 가르쳤다. 1767년 봉조하가 되어 기로소에 들어갔다. 평소 바른말을 잘하고 청렴했다. 저서로는 『명사정강(明史正綱)』·『천의리편(闡義理編)』·『뇌연집(雷淵集)』이 있으며, 글씨 작품으로는 단양에 있는 우화교비(羽化橋碑)와 해백윤세수비(海伯尹世綏碑)가 있다. 시호는 문청(文淸)이다.

7) 남공철(南公轍) : 1760년~1840년(영조 36~헌종 6). 본관은 의령(宜寧). 자는 원평(元平), 호는 사영(思穎)·금릉(金陵). 서울 출신. 할아버지는 남한기(南漢記)이고, 아버지는 대제학 남유용(南有容), 어머니는 김석태(金錫泰)의 딸이다. 어머니가 그를 임신했을 때 상제(上帝)에게 절하는 꿈을 꾸었다고 하였다. 1780년(정조 4) 초시에 합격, 1784년에 아버지가 정조의 스승이었으므로 그로 인해 음보로 세마에 임명되었다. 초계 문신에 뽑혔고 김조순(金祖淳)·심상규

이 겨우 배울 만한 나이었을 때 아버님이 이미 나이가 들어[8] 친히 스스로 공부시키기 어렵자 부인이 이남(二南), 논어, 맹자 등의 책을 갖고 언문으로 써서 자식에게 주었다. 아버님이 세상을 뜨시자 또 자식이 황망히 놀기만 하고 배울 데가 없어질까 염려하여 학식이 깊고 넓으며 덕을 잘 닦은 이들을[9] 널리 찾아 집의 공부방으로 초빙하였고 비녀, 귀걸이 따위와 같은 장신구를 모두 다 팔아 자식이 성장하여 입신하기를 밤낮으로 바랐다.

그리고 자식이 신중하고 돈독한 사람들과 교유하도록 하였다. 세상의 문장가들과 재주있는 사람들 중 많은 이들이 경박하다고 여기며 차라리 도에 나아가 배우는 것만 못하다고 생각했다.

아버님이 돌아가신지 12년 후에 자식이 급제하여 조정에 서게 되었고 임금의 은혜와 대우가 융숭하고 무거워졌다. 그러나 유독 근심하면서

"이는 한편으로 나라의 은혜이고 또 한편으로는 선조들의 숨

....

(沈象奎)와 함께 정조의 문체반정에 참여했으며 구양수(歐陽修)의 문장을 순정(淳正)한 법도로 여겨 유한준과 오재순이 그의 문장에 대해 '한유와 구양수에 가깝다.'고 평가했다. 교유한 사람으로는 김상임(金相任)·성대중(成大中)·이덕무(李德懋) 등이 있다. 저서로는『고려명신전(高麗名臣傳)』, 자편의 시문집으로 『귀은당집(歸恩堂集)』·『금릉집(金陵集)』·『영옹속고(穎翁續藁)』·『영옹재속고(穎翁再續藁)』·『영은문집(瀛隱文集)』 등이 있다. 시호는 문헌(文獻)이다.
8) 남공철이 태어났을 당시 남유용은 60세를 넘긴 때였다.
9) 학식 있고 덕을 잘 닦은 이들을 [名宿] : 고명숙학(高名宿學), 덕이 높아 이름이 있고 학식 또한 깊고 넓은 사람.

은 은택이니 네가 한 것이 무엇이냐? 반드시 옛 사람들이 나아
감을 어렵게 여기고 물러남을 쉽게 여기면서 몸과 힘을 다하여
나랏일을 하였던 것으로써 그 은혜를 갚는 방도로 삼아야할 것
이다.”

라고 말하였다.[10]

(『금릉집(金陵集)』에 보인다. 금릉은 남공철의 호이다)

貞敬夫人安東金氏, 雷淵南文淸公有容之第三配, 金陵公轍之母夫人也.
子始受學,君子已老, 不能親自勤課, 夫人取二南論孟諸書, 諺而授之. 逮君
子捐舘,又念子荒嬉失學, 博訪名宿, 延之家塾, 鬻簪珥具饎幣, 蚤夜冀有成
立. 每使與謹厚者從遊, 以爲世之騷人才子類多輕薄, 不如就有道而學也.
先君子卒後十二年, 子登第立朝, 恩遇隆重. 獨憂之曰, 此一則國恩, 一則
先蔭, 汝何有焉. 必以古人難進易退與鞠躬盡瘁, 爲報效之地也.

(見金陵集 南公公轍號)

유인 여흥 민씨는[11] 처사 정보연(鄭普衍)의[12] 아내이며 인재(認

....

10) 『금릉집』권17 〈선비 묘지(先妣墓誌)〉에 있다.
11) 여흥 민씨(驪興閔氏): 1636년~1698년. 아버지는 민광훈(閔光勳), 어머니는 이
   광정(李光庭) 딸. 언니들은 각각 이연년(李延年), 홍만형(洪萬衡)과 결혼했다.
   15살에 정보연과 결혼했고 그녀의 나이 25세 때 남편이 죽었다. 조카인 인현왕
   후가 왕비가 될 때 초대 받았으나 남편 집안 법도가 엄하다는 사유로 참석하지
   않았다고 한다.
12) 정보연(鄭普衍): 1637~1660. 본관은 영일(迎日). 자는 만창(晩昌), 호는 원림
   (園林), 태백산인(太白山人). 증조부는 송강 정철(鄭澈), 할아버지는 정종명(鄭
   宗溟), 아버지는 정양(鄭瀁)이다. 부인은 민광훈(閔光勳)의 딸. 송시열의 문인.

齋) 대헌공 민시중(閔蓍重)과13) 문충공 민정중(閔鼎重)14) 및 노봉(老峰) 문정공 민유중(閔維重)의15) 여동생이다.

....

태백산에 들어가 살기도 했다가 충주에서 죽었다. 이 때 송시열과 윤증은 제문을 지어 안타까워하는 마음을 표현하기도 했다. 아들은 정천(鄭洊). 현재 그가 죽었을 때 봉화(奉化) 사천리(沙川里)에 장사지냈다가 7년 뒤에 제천(堤川)으로 이장하여 현재 그의 묘는 제천시 금성면 월림리에 있다.

13) 민시중(閔蓍重) : 1625년~1677년(인조 3~숙종 3). 본관은 여흥(驪興). 자는 공서(公瑞), 호는 인재(認齋). 증조는 민여준(閔汝俊), 조부는 민기(閔機)이고, 아버지는 민광훈(閔光勳)이며, 어머니는 이광정(李光庭)의 딸이다. 민정중(閔鼎重)과 민유중(閔維重)의 형이다. 송시열(宋時烈)의 문인이다. 1650년(효종 1) 생원시에 장원, 1664년(현종 5) 춘당대 문과(春塘臺文科) 회시에서 장원급제하여 전적이 되었다. 1674년(숙종 즉위년) 대사헌 재직 중 현종의 죽음에 따른 시호와 승습(承襲)을 청하기 위한 고부청시승습 겸 사은부사(告訃請諡承襲兼謝恩副使)로 청나라에 다녀왔다.

14) 민정중(閔鼎重): 1628년~1692년(인조 6~숙종 18). 본관은 여흥(驪興). 자는 대수(大受), 호는 노봉(老峯). 민여준(閔汝俊)의 증손, 할아버지 민기(閔機)이고, 아버지는 민광훈(閔光勳)이며, 어머니는 이광정(李光庭)의 딸이다. 송시열(宋時烈)의 문인이다. 1649년(인조 27)에 정시 문과에 장원. 1659년 현종이 즉위하자 상소하여 소현세자 부인이었던 강빈(姜嬪)의 억울함을 호소하였다. 1675년(숙종 1) 이조판서가 되었으나 허적(許積)·윤휴(尹鑴) 등 남인이 집권하면서 서인이라는 명목으로 배척 받게 되고 관직도 삭탈되었다. 1679년 장흥(長興)으로 귀양갔다가 다음 해 경신환국 때에 풀렸났지만, 1689년 기사환국으로 남인이 재집권하자 또다시 벽동(碧潼)에 유배되어 그곳에서 죽었다. 1694년의 갑술환국으로 남인이 다시 실각하자 관작이 회복되었다. 이 때 양주로 옮겨 장례를 치르고, 뒤에 여주로 옮겨졌다.『노봉집(老峯集)』·『노봉연중설화(老峯筵中說話)』·『임진유문(壬辰遺聞)』등의 저서가 있다. 글씨로는「우상이완비(右相李浣碑)」·「개성부유수민심언표(開城副守閔審言表)」·「개심사대웅전편액(開心寺大雄殿扁額)」등이 있다. 시호는 문충(文忠)이다.

15) 민유중(閔維重): 1630년~1687년(인조 8~숙종 13). 본관은 여흥(驪興). 자는 지숙(持叔), 호는 둔촌(屯村). 증조부는 민여준(閔汝俊) 조부는 민기(閔機), 아버

유인은 외아들을 매우 사랑했지만 법도있게 가르쳤다. 겨우 문자를 이해할 무렵 대헌공 형제들에게 가서 배우게 했다. 비록 먼 곳으로 갈지라도 연연해하지 않았다. 대헌공은 더욱 엄격하여 때로는 회초리를 치기도 하여 피가 흐를 정도였지만 유인은 염두에 두지 않았다. 매번 가르칠 때마다

"네 외삼촌은 평일에 비록 사람들을 물리치는 것이 다른 이들보다 지나치기는 했지만 또한 옛 친구들과 가벼이 관계를 끊지는 않았다 너는 마땅히 잘 따라서 잘못하지 말아야 한다."

고 했다. 또 여자들과 며느리들을 가르치면서

"우리 민씨 집안의 가풍은 투기하는 것을 가장 경계한다. 너희들은 마음에 잘 새겨 두어라."

고 했다. 또한 말하기를

"말이 많으면 그 나머지는 족히 볼 것이 없다. 희롱하고 장난

....

지는 민광훈(閔光勳)이며, 어머니는 이광정(李光庭)의 딸이다. 숙종의 비 인현왕후(仁顯王后)의 아버지이다. 민기중(閔蓍重) 및 민정중(閔鼎重)의 동생이다. 1649년(효종 즉위년) 진사가 되었다. 1680년(숙종 6) 경신환국 때 남인들이 대출척으로 남인들이 실권하자 공조판서·호조판서·병조판서 등을 거치면서 서인 정권을 주도하였다. 1681년 딸이 숙종의 계비로 들어가 국구(國舅)가 되어 여양부원군(驪陽府院君)에 봉해졌다. 이후 정권이 외척에 있다는 비난이 일어나자 관직에서 물러났다. 저서『민문정유집(閔文貞遺集)』이 있으며 시호는 문정(文貞) 이다.

하는 일 또한 가히 해서는 안 된다."

라고 했다.16)

(『한수재집(寒水齋集)』에17) 보인다.)

孺人驪興閔氏, 處士鄭公普衍之配, 大憲公蓍重, 文忠公鼎重, 驪陽文貞公維重之妹也.

孺人甚愛獨子,而敎之有方. 纔解文字, 使之就學于大憲公伯仲季. 雖之遠方, 無所係戀. 大憲公尤嚴, 時或撻之流血而不以爲念. 每敎之曰先舅平日, 雖面斥人過, 亦未嘗輕絶故舊, 爾宜遵守勿失. 訓女婦輩曰吾閔氏門風, 最戒妬忌. 爾曹志之. 又曰多言則餘無足觀. 戲謔亦不可爲也.

(見寒水齋集)

정경부인 여흥 민씨는18) 여양 문정공 민유중(閔維重) 딸이며 도암(陶菴) 이선생의19) 【이름은 재, 자는 희경, 관직은 좌참찬, 시호는 문

....

16) 『한수재집』권30 〈유인 민씨 묘지명(孺人閔氏墓誌銘)〉에 있다.

17) 한수재집(寒水齋集): 권상하(權尙夏)의 시문집.

18) 여흥 민씨(驪興閔氏): 아버지는 민유중, 어머니는 송준길 딸. 숙종의 비인 인현왕후 언니이다. 5살 때 외조부인 송준길이 '부모의 가르침을 일찍 있어 네 성품이 총명하구나(父母敎訓早。聰明爾性然)'라고 칭찬했다고 한다. 15살에 이만창과 결혼했다. 기사년에 동생인 인현왕후가 폐위되어 사저로 나오자 화전(花田)으로 가 살았다. 남편이 31세에 죽었으므로 겨우 15여 년 정도 결혼생활을 했다.

19) 이재(李縡): 1680년~1746년(숙종 6~영조 22). 본관은 우봉(牛峰). 자는 희경(熙卿), 호는 도암(陶菴)·한천(寒泉). 증조부는 이유겸(李有謙), 조부는 이숙(李翻)이다. 아버지는 이만창(李晩昌)이며, 어머니는 민유중(閔維重)의 딸이다. 김창협(金昌協)의 문인이다. 1702년(숙종 28) 알성 문과에 병과로 급제해.

정공】 어머니이다. 열다섯 살에 시집갔는데【李公 晚昌】20) 남편이 일찍 세상을 떠났다. 자식이 어리고 공부를 부지런히 하지 않으니 부인이 울면서

> "미망인인 내가 오직 너만을 운명으로 여기고 사는데 자식이 있어도 공부하지 않으니 자식이 없는 것만 못하구나."

라고 했다. 둘째 큰아버지가【歸樂堂 李公 晚成】21) 글 읽는 과업을 주면서 매우 엄격하게 하였다, 비록 심하게 회초리를 쳐도 부인은 한 번도 한탄하거나 위로하는 기색을 띠지 않았다. 둘째 큰아버지가 말

....

『가례원류(家禮源流)』의 편찬자를 둘러싸고 시비가 일어났을 때 노론의 입장을 취했다. 1722년 임인옥사 때 둘째 큰아버지인 이만성(李晚成)이 옥사하자 은퇴하고, 인제로 들어갔고, 1727년 정미환국으로 소론이 집권하게 되자 이후 용인의 한천(寒泉)에 살면서 후학을 양성했다. 용인의 한천서원(寒泉書院)에 배향되었다. 저서 『도암집(陶菴集)』・『도암과시(陶菴科詩)』・『사례편람(四禮便覽)』・『어류초절(語類抄節)』 등이 있다. 시호는 문정(文正)이다.

20) 이만창(李晚昌): 1654년~1684년(효종 5~숙종 10). 자는 사하(士夏). 아버지는 이숙(李䎘), 어머니는 박호(朴濠) 딸. 유천(柳川)에서 태어났다. 1675년(숙종 1) 사마시에서 일등을 했으나 다른 사람의 농간에 의해 2등로 밀려났다. 이후 벼슬에 나아가지 않았다. 변려문(騈儷文)과 서예에 뛰어났다.

21) 이만성(李晚成): 1659년~1722년(효종 10~경종 2). 본관은 우봉(牛峰). 자는 사추(士秋), 호는 귀락당(歸樂堂)・행호거사(杏湖居士). 이숙(李䎘) 둘째 아들. 어머니는 박호(朴濠) 딸. 이만창의 둘째 형. 이영(李䎎))의 양자로 들어갔다. 1696년(숙종 22) 진사로 정시 문과에 장원. 1709년 최석정(崔錫鼎)이 저술한 『예기유편(禮記類編)』에 주자(朱子)의 글귀를 고친 것에 대해 죄주기를 청한 일로 삭직되었다. 1721년(경종 1) 노론 대신들과 연잉군(延礽君: 훗날 영조)의 세제(世弟) 책봉을 주청해 실현시켰다. 그러나 신임사화에 연루되어 전라도 부안에 유배되었고, 국문을 받다가 옥에서 죽었다.

하기를

　　"이는 부인네들의 평범한 정으로는 견디기 어려운 일인데 오
　직 내 제수에게서 보았다."

라고 했다. 부인은 실을 만드는 일을 부지런히 했다. 항상 손수 목면
화를 다루었는데 꽃떨기를 세면서 밤새도록 아들이 글 읽는 과업을
하도록 했다.[22]

　(『도암집(陶菴集)』에[23] 보인다)

　　貞敬夫人驪興閔氏, 驪陽文貞公諱維重之女, 陶菴李先生【名縡 字熙卿
牛峯人 官左參贊 諡文正公】之母夫人也. 十五而歸【李公 晩昌】, 君子蚤世.
子幼而不勤學, 夫人泣曰未亡人惟汝爲命, 有子不學, 不如無子. 仲父【歸樂
堂 李公 晩成】課讀甚嚴, 雖痛加捶楚. 而夫人一無嗟勞色. 仲父曰此婦人常
情之所甚難者, 惟於吾邱嫂見之. 夫人勤於紡績. 常手理木綿花, 而以花朶
爲筭, 終夜課讀.

　　(見陶菴集)

　정부인 전주 최씨는[24] 백사(白沙) 문충공 이항복(李恒福)의[25] 어

---

22) 『도암집』권46 〈선비묘지(先妣墓誌)〉에 있다.

23) 도암집(陶菴集): 이재(李縡)의 문집.

24) 정부인 전주 최씨: ?~1571년(?~선조 4). 아버지는 최륜(崔崙), 어머니는 이사균
(李思鈞) 딸이다. 나이 차이가 있으나 최씨의 외할머니가 주장하여 이몽량(李
夢亮)의 두 번째 부인이 되었다. 전실 이었던 이씨(李保 딸)의 아들로 이운복
(李雲福)이 있고, 자신의 소생 아들로는 이산복(李山福), 이송복(李松福), 이항

머니이다. 타고난 성품은 온유하고 자애롭고 순했지만 규문 안의 규범에 이르러서는 매우 단호하여 가히 어길 수 없었다. 자제들이 앞에 가득한데 비록 아주 무더운 때라도 감히 옷소매를 걷을 수 없었다. 둘째 아들이[26] 일찍이 권태로워 다리를 뻗고 비스듬히 앉아 관을 벗고 있었다. 부인의 자리와 꽤 멀었지만 가히 멀리 바라다 보였다. 부인이 정색을 하며

> "네 나이가 이미 어른인데 오히려 부모 앞에서 무례하면 안
> 된다는 것을 모르느냐?. 우리 집안에 전해져 내려오는 가르침은
> 본래 이렇지 않다"

라고 했다.

····························

복(李恒福)이 있고 딸들은 각각 민선(閔善), 유사원(柳思瑗)과 결혼했다.

25) 이항복(李恒福): 1556년~1618년(명종 11~광해군 10). 본관은 경주(慶州). 자는 자상(子常), 호는 필운(弼雲)·백사(白沙)·동강(東岡). 조부는 이예신(李禮臣), 아버지는 이몽량(李夢亮)이며, 어머니는 최륜(崔崙)의 딸이다. 1592년 임진왜란이 일어나자 왕비를 개성까지 무사히 호위하고, 또 왕자를 평양으로, 선조를 의주까지 호종하였고 그 사이 이조참판, 오성군에 봉해졌다. 이덕형과 함께 명나라에 원병을 청할 것을 건의했다. 1617년 인목대비 김씨(仁穆大妃金氏)를 서궁에 유폐하고 평민으로 만들자는 주장에 맞서다가 1618년에 관작이 삭탈되고 함경도 북청으로 유배되어 그곳에서 세상을 떠났다. 곧 이어 관작이 회복되자 고향 포천에 예장되었다. 권율(權慄)의 딸과 결혼했으며 아들은 이성남(李星男), 이정남(李井男), 딸은 윤인옥(尹仁沃)과 결혼했다.

26) 이산복(李山福): 1545년~1587년(인종 1~선조 20). 아버지는 이몽량(李夢亮), 어머니는 최륜 딸. 광계군(廣溪君) 안여경(安汝敬)의 딸과 결혼했고, 광양군(廣陽君) 안황(安滉)의 매부이다. 20대에 비장(脾臟)이 약해 공부하기 어려워 했다고 한다.

그리고는 여러 딸들을 돌아보며

"우리 집안 여자들이 매우 많고 나이도 이미 어른이 되었으니 족히 예법을 알 것이다. 비록 남매 사이라 할지라도 절대로 웃으며 서로 장난해서는 안 된다. 가르침이 어그러진 다음부터는 앉고 누워서 말을 하게 되니 모두 마땅히 구별해야 할 것이다."

라고 했다.[27)]

(『백사집(白沙集)』에[28)] 보인다)

> 貞夫人全州崔氏, 白沙李文忠公恒福之母夫人也. 天性溫柔慈順, 至於閨範, 有斬斬不可犯者. 子弟滿前, 雖盛暑, 不敢褰袒. 仲兄嘗因倦跛倚脫冠, 與夫人座甚遠, 而可以望見. 夫人正色曰, 汝年已長大, 猶不知父母前不可無禮耶. 吾家相傳之訓, 本不如是.
>
> 因顧謂諸女曰, 吾家子女甚繁, 而年歲已長, 足知禮法. 雖娚妹之間, 切不可嬉笑相謔. 自虧典訓, 坐臥言語, 皆當有別.
>
> (見白沙集)

숙인 해주 오씨는[29)] 양곡(陽谷) 충정공 오두인(吳斗寅)의[30)] 딸이며

---

27) 『백사집』, 별집 권4 〈선부인 규범(先夫人閨範)〉에 있다.

28) 백사집(白沙集): 이항복(李恒福)의 문집.

29) 숙인 해주 오씨: 아버지는 오두인, 어머니는 김숭문(金崇文) 딸이다. 16세에 김영행과 결혼했다. 언니들은 각각 김창열(金昌說), 최창대(崔昌大)와 결혼, 여동생은 이재(李縡)와 결혼했다. 오빠 오태주가 명안공주와 결혼하여 시누이와 올케 사이가 되었다.

임천 김영행(林川 金令行)의[31] 부인이다. 자제들을 가르치고 단속하는 데에 엄격하고 단호하게 하여 법도가 있었다. 일찍이 말하기를

"사람들에게 마땅히 구걸하는 말을 입 밖으로 내지 말아야 한다. 한번이라도 그런 말을 하게 되면 염치를 상하게 되고 두 번 말하면 모욕을 얻게 되니 가히 사람 노릇을 할 수 있겠느냐?"

라고 했다. 또 말하기를

"집안에서 행하는 것은 안이요, 부질없는 영화는 바깥이다. 사람으로서 능히 아버지는 자애롭고 자식은 효도하며 형제가 서

----

30) 오두인(吳斗寅): 1624년~1689년(인조 2~숙종 15). 본관은 해주(海州). 자는 원징(元徵), 호는 양곡(陽谷). 증조부는 오정방(吳定邦) 조부 오사겸(吳士謙), 아버지는 오상(吳翔)이다. 어머니는 이효길(李孝吉)의 딸이다. 나중에 숙부 오숙(吳淑)에게 입양되었다. 1648년(인조 26) 진사시에 1등으로 합격하고, 이듬해 별시문과에 장원으로 급제하였다.1679년(숙종 5) 공조참판으로서 사은부사가 되어 청나라에 다녀왔다. 1689년 5월에 인현왕후 민씨(仁顯王后閔氏)가 폐위되자 이세화(李世華)·박태보(朴泰輔)와 함께 이에 반대하는 소를 올려 국문을 받고, 의주로 유배 도중 파주에서 죽었다. 첫 부인은 민성휘(閔聖徽) 딸, 재혼한 부인은 김숭문(金崇文) 딸이다. 아들 오태주가 효종 딸 명안공주(明安公主)와 결혼하여 왕실과 인척이 되었다.

31) 김영행(金令行): 1673년~1755년(현종 14~영조 31). 본관은 안동(安東). 자는 자유(子裕), 호는 필운옹(弼雲翁). 아버지는 김시걸(金時傑)이다. 김창흡(金昌翕)의 문인이다. 음보(蔭補)로 현감이 되었다. 그러나 소론인 김경일 등이 노론 김창집(金昌集)의 일당이라고 지목하는 바람에 파직되고, 기장현(機張縣)에 유배되었다. 이후 임천군수(林川郡守)를 지냈다. 저서『필운유고(弼雲遺稿)』가 있다.

로 공손하면 가히 어진 군자라고 할 수 있다. 과거시험이나 벼슬은 곧 뜻하지 않게 오는 것들이다. 얻고 잃음은 운명이 있으니 그런 즉 마음으로 노심초사하고 가련하게 여김을 구걸할지라도 꼭 얻지 못하기도 하니 나의 행실을 잘 닦고 나서 천명을 기다리는 편이 낫다."

라고 했다. 또 말하기를

"무당이나 박수무당과 가까이 하며 친하게 지내고서 망하지 않은 집안은 드물다. 시정(市井)의 무리들을 가까이 끌어 접하면 반드시 자신에게 누가 될 것이다. 내 자식, 내 며느리된 이들은 경계하고 삼가야 한다."

라고 했다. 이로 인해 기도하고 복을 비는 무리들은 집 안 가까이 오지 못했고 거간꾼들도 감히 오가지 못했다.[32]

(『월곡집』에 보인다. 월곡은 오원(吳瑗)의 호이다.)

淑人海州吳氏, 陽谷忠貞公斗寅之女, 金林川令行之配也. 勑子弟嚴截有法度. 嘗曰向人宜不發求乞語. 一則傷廉, 二則取侮, 可爲人乎. 又曰 家行內也, 浮榮外也. 人能父慈子孝兄弟恭則可爲賢君子矣. 至於科宦, 乃倘來物也, 得失有命則雖勞心乞憐不必得矣. 不如修吾行而待天命矣. 又曰 親昵巫覡鮮不亡家. 引接市井, 必累其身. 爲吾子吾婦者戒之愼之. 由是祈祝之輩, 不近門庭, 駔儈之徒, 不敢往來.

(見月谷吳公瑗號集)

....

32) 『월곡집』권11 〈사고 숙인 묘지명(四姑淑人墓誌銘)〉에 있다.

정경부인 연안 이씨는33) 지재(趾齋) 충문공 민진후(閔鎭厚)의34) 계배(繼配)이다. 임인년【경종대왕 2년】화가 일어났을 때35) 사위 김광택(金光澤)이36) 장기로 귀양가게37) 되었는데 지나는 길에 부인이

....

33) 정경부인 연안 이씨: 1664년~1733년(현종 5~영조 5). 아버지는 이덕로(李德老), 어머니는 조옥(趙沃) 딸. 할머니가 송준길의 여동생. 19세에 민진후와 결혼했으며 남편이 충청도관찰사에 제수되면서 정경부인이 되었다. 인현왕후와는 시누이 올케 사이이다. 아들 민익수, 민우수를 낳고 딸은 김광택과 결혼했다.

34) 민진후(閔鎭厚): 1659년~1720년(효종 10~숙종 46). 본관은 여흥(驪興). 자는 정능(精能), 호는 지재(趾齋). 증조부는 민기(閔機), 조부는 민광훈(閔光勳), 아버지는 민유중(閔維重)이며, 어머니는 송준길(宋浚吉)의 딸이다. 숙종비 인현왕후(仁顯王后)의 오빠이자 민진원(閔鎭遠) 및 민진영(閔鎭永)의 형이다. 송시열(宋時烈)의 문인이다. 1681년(숙종 7) 생원이 되고, 1686년(숙종 12) 별시 문과에 병과로 급제했다. 1717년 동지사(冬至使)로 청나라를 다녀왔고 1719년 의정부우참찬에 올랐으나 병으로 사양했다가 이후 개성부유수를 지낼 때 죽었다. 저서로『지재집(趾齋集)』이 있다. 그의 첫부인은 이단상(李端相) 딸인데 일찍 죽었고 조규빈(趙奎彬)과 결혼한 딸 한 명을 낳았다.

35) 이 때 목호룡이 노론 집안 자제들이 경종을 시해하려는 모의를 했다고 고변했고, 이것으로 말미암아 노론 4대신을 포함하여 노론파 사람들 170여 명이 죽음을 당하거나 처벌되었다. 당시 김광택의 형인 김용택(金龍澤)도 경종 시해 모의에 가담했다는 죄목으로 죽음을 당했다.

36) 김광택(金光澤): 1685년~1742년(숙종 11~영조 18). 자는 덕휘(德暉). 호는 존오재(存吾齋). 조부는 서포 김만중(金萬重), 아버지는 김진화(金鎭華), 어머니 이씨는 이안눌(李安訥) 손녀이며 이갑 딸이다. 1722년(경종 2) 임인년에 사화가 일어나자 희양산(曦陽山)으로 피신했지만 큰형 김용택이 사건에 가담했다는 이유로 연루되어 장기현으로 귀양갔다. 1725년(영조 1)에 풀려나자 회덕의 정민리(懷德 貞民里)로 돌아왔다. 1728년(영조 4)에 무신난이 일어나자 여러 곳으로 떠돌아 다니다가 여주로 와서 살았다. 1740년(영조 16)에 조카 김원재(金遠材-김용택 아들)가 국문을 받다 죽은 일로 상심한 나머지 병으로 죽었다. 김민재(金敏材), 김간재(金簡材), 김헌재(金獻材) 등 아들 셋을 두었다. 일찍이

살고 있는 여주로 와 이별 인사를 드렸다. 그 때 마침 충문공의 대상(大祥)이었고 그 딸 또한 아이를 낳을 때가 다 되었다. 김군이 그 아내를 여주에 머무르게 하려고 했는데 부인은 전혀 안 된다고 하면서 말하기를

"남편 집안에 우환과 액이 생겼는데 부인의 의리상 감히 편안함을 도모해서는 안 된다. 하물며 지금이 어느 때란 말이냐? 죽고 사는 일도 오히려 말하기에 족한 상황이 못 되는데 그 다른 것을 가엾게 여길 겨를이 있느냐?"

고 했다 그리고 해산을 위한 물품을 챙겨 보내면서 말하기를

"만약 가는 도중에 아이를 낳게 되면 사위가 먼저 귀양지로 가는 것이 나을 터이다. 그리고 내 딸은 회복되기를 기다려 뒤따라가는 것이 좋겠구나."

라고 했다.[38]

(『도암집』에 보인다.)

....
고금의 명산에 관한 내용을 모아서 〈와유록〉을 저술했고 여러 사람들의 문장을 모은 『문선』 1권, 『시화』 1권을 엮었다.

37) 귀양[編管]: 죄인이 변방으로 귀양가면 그 곳 수령이 죄인을 편호(編戶)로 구성하여 죄인을 관리하던 것을 말한다.

38) 『도암집』권50 〈백구모 정경부인 연안 이씨 행장(伯舅母貞敬夫人延安李氏行狀)〉에 있다.

위는 〈속입교〉이다.

貞敬夫人延安李氏, 趾齋閔忠文公鎭厚之繼配也. 壬寅【景宗大王二年】
之禍, 金堉【光澤】編管長鬐。歷辭夫人於驪州. 時適忠文公大祥, 而女又彌
月. 金君欲留其妻, 夫人大不可曰, 夫家有憂厄, 婦人義不敢圖安. 況此何
等時耶. 死生猶不足道, 遑恤其他. 齎送産具而告之曰, 若中道而娩. 堉可
先赴謫. 而女則待蘇追往可也

（見陶菴集）

右續立敎

숙인 성주 이씨는[39] 풍산 홍만선(洪萬選)의[40] 부인이다. 숙인은
어린 나이에 부모님이 모두 돌아가셨는데 평생 그리워했다. 열네 살
에 홍공에게 시집갔다. 시부모를 효성으로 봉양하고 남편을 섬기는
데에 공경을 다하였다.

할머니가 돌아가시자 홍공에게 말하기를

....

[39] 숙인 성주 이씨: 1645년~1715년(인조 23~숙종 41). 아버지는 이열(李悅), 어머
니는 이익한(李翊漢) 딸이다. 14세에 홍만선과 결혼. 자신을 길러 준 할머니가
돌아가시자 상례를 치르고자 남편에게 따로 거처하기를 부탁했다.

[40] 홍만선(洪萬選): 1643년~1715년(인조 21~숙종 41). 본관은 풍산(豊山). 자는
사중(士中), 호는 유암(流巖). 아버지는 홍주국(洪柱國)이다. 1666년(현종 7)
진사시에 합격하고, 1682년(숙종 8) 30세에 음보(蔭補)로 벼슬을 시작했다. 당
시 법을 지키면서 백성을 잘 다스리던 관리로 꼽혔다. 향촌의 경제를 보여주는
『산림경제(山林經濟)』 4권은 이용후생의 특성을 잘 반영하였고 유중림(柳重
臨)·서유구(徐有榘) 등의 경제 관련 저술에 많은 영향을 주었다.

"제가 어려서 부모님을 잃고 오직 할머니께 의지하였는데 지금 돌아가셨습니다. 저는 차마 부모님과 다르게 할 수 없습니다. 서로 다른 곳에서 지내면서 상을 마치려고 합니다. 당신은 제가 사는 바깥채에서 지내셨으면 좋겠습니다."

라고 했다. 그러자 홍공이 그 의로움에 감동하여 그렇게 하겠다고 허락했다. 숙인의 집에서 일찍이 한 채를 더해 거기에서 머무르게 했다. 숙인은

"할머니와 증조할머니께서도 노년에 미리 관을 만들어 두시지 않았는데[41] 제가 어찌 이것을 갖겠습니까?"

라고 하면서 드리어 그 집을 팔아서 두 할머니의 관을 마련했다. 그리고 다른 집을 짓고서 살았다. 본가에서 재산을 나누어 주자 돌려보냈다. 숙인은 그 조카들이 부모가 없고 집안 형편이 어려운 것을 염려했기 때문에 사양하고 받지 않은 것이다.[42]

(『寒水齋集』에 보인다.)

淑人星州李氏, 豐山洪公萬選之配也. 淑人早失怙恃, 終身哀慕. 十四歸于洪公, 奉舅姑以孝, 事夫子以敬. 祖母之喪, 謂洪公曰吾幼失父母, 惟祖母是依, 今其喪. 吾不忍異於親. 吾欲別處以終喪. 願君卜妾居外. 洪公感其義而許之. 淑人之家, 嘗推一屋使居. 淑人曰吾祖母曾祖母, 臨年無壽器, 吾豈可有此. 遂斥屋以備兩世壽器. 更營他屋以居, 本家析著以歸之, 淑人爲念其

....
41) 관을 ……않았는데[壽器]: 살아 있을 때 미리 마련해 놓은 관을 말한다.
42) 『한수재집』 권30 〈숙인 이씨 묘지명(淑人李氏墓誌銘)〉에 있다.

諸姪孤露家事凋零, 辭不受.

(見寒水齋集)

숙인 남양 홍씨는[43] 학사 충정공 홍익한(洪翼漢)[44] 딸이며 부사 심익선(沈益善)의[45] 부인이다. 숙인이 여섯 살 때 일이다. 개미들이 땔감 위에 모여 있었는데 땔감이 불 속으로 들어가는 것을 보고 울면서 개미를 구해냈다. 소가 애달프게 우는 소리를 듣고 소고기를 먹지 않기도 했다. 정축년【인조대왕 15년】에 강도(江都)가[46] 함락되자 허

....

43) 숙인 남양 홍씨: 1626년~1672년(인조 4~현종13). 아버지는 홍익한(洪翼漢), 어머니는 허식(許寔) 딸. 어머니가 정축년에 강화도에서 청나라 병사에게 저항하다 물에 빠져 죽고 아버지도 청나라에서 죽었으며 오빠들도 강화도에서 죽자 할머니와 함께 살았다. 언니 둘이 있었는데 정창징(鄭昌徵), 윤세명(尹世鳴)과 결혼했다.

44) 홍익한(洪翼漢): 1586년~1637년(선조 19~인조 15). 본관은 남양(南陽). 초명은 습(霫). 자는 백승(伯升), 호는 화포(花浦)·운옹(雲翁). 증조부는 홍서주(洪叙疇), 조부는 홍애(洪磑), 아버지는 홍이성(洪以成)이며, 어머니는 김림(金琳)의 딸이다. 큰아버지 홍대성(洪大成)에게 입양되었다. 1615년(광해군 7) 생원이 되고 병자호란이 일어나자 최명길(崔鳴吉) 등의 화의론(和議論)을 극구 반대하였다. 다음 해 화의가 성립되자 청나라 군사를 피해 평양부서윤으로 나갔다. 청나라가 척화의 주도자로 지목하여 청나라로 잡혀갔다가 죽음을 당했다. 그 때 같이 죽음을 당했던 오달제(吳達濟)·윤집(尹集)과 함께 3학사(學士)로 불린다. 처음에 구곤원(具坤源) 딸과 결혼하였고 두 번째로 허식의 딸과 결혼했다.

45) 심익선(沈益善): 생부는 심지화, 어머니는 권득기 딸. 심지원(沈之源)의 양자로 들어갔다. 30세 즈음에 음보로 벼슬을 시작했다.

46) 강도(江都): 강화도(江華島).

씨가 절개를 지키다가 죽었고[47] 충정공도 잡혀 포로가 되어 청나라 조정으로 끌려갔다. 숙인은 친족 집안사람들에 의해 길러졌다. 옷감 짜서 스스로 자급했고 항상 부모님 생각에 애통해하면서 밤낮으로 울며 곡하였다. 상국이었던 심지원(沈之源)이[48] 그 어짊을 듣고 며느리로 삼았다. 상공이 세상을 뜨자 애달파하고 그리워함이 아주 지극했으니 삼 년 동안 숙인이 입 벌려 웃는 것을 본 사람이 없었다.

숙인이 처음 시집 왔을 때 부사에게 말하기를

> "제 부모님의 영혼이 의탁할 데가 없어 제사를 지내도 흠할
> 수 없습니다. 제가 애달프니 그것을 해보고자 합니다."

라고 했다. 부사가 그 뜻을 가상히 여겨 마침내 그 말대로 하게 했다. 그 후 조정에서 충정공의 절의를 포상하였으니 그 또한 지극한 정성이 사람을 감동하게 한 것이다.

부모님이 돌아가셔서 근심하던 때[49] 청나라와 화친하기를 주장했

....

47) 허씨: 허식(許寔) 딸. 홍익한의 두 번째 부인. 강화도가 함락되었을 때 스스로 물에 빠져 죽었다. 이 때 홍익한의 아들 홍수원(洪晬元), 그의 부인 이씨(李穫 딸)도 함께 죽었다. 나라에서 정려하였다.

48) 심지원(沈之源): 1593년~1662년(선조 26~현종 3). 본관은 청송(青松). 자는 원지(源之), 호는 만사(晚沙). 증조부는 심금(沈錦), 조부는 심종침(沈宗忱), 아버지는 심설(沈偰)이다. 어머니는 이간(李偘)의 딸이다. 1620년(광해군 12) 정시 문과에 병과로 급제했으나 족조(族祖)인 심종도(沈宗道)가 대북파(大北派)인 이이첨(李爾瞻)의 심복이었지만 대북의 편에 서지 않고 낙향하여 은거하였다. 1623년 인조반정 이후에 벼슬을 시작하여 영의정에까지 올랐다. 아들 심익현(沈益顯)이 효종의 딸인 숙명공주(淑明公主)에게 장가들어 효종의 두터운 신임을 받았고 효종이 죽자 효종의 국상에 대한 총책임을 졌다.

던 집안에서 혹 도와 준 것이 있으면 곧바로 받지 않고서 말하기를

"이는 원수의 집안이다. 대개 아버지께서 화를 당하신 것도
화친을 반대했기 때문이었다."

라고 했다. 그리하여 무릇 청나라 물건은 일절 가까이 하지 않았다.
일찍이 자식들에게 말하기를

"내 부모님 무덤에 아직도 비석이 없으니 무엇으로 무궁히 드
러낼 수 있겠느냐?"

라고 했다. 또 충정공이 남긴 글과 친필 등을 모으도록 명하기도 했다.
충정공은 일찍이 〈서정록〉50) 〈북행록〉을51) 썼었는데 숙인이 자식들
에게 그것을 읽게 하여 들으면서 문득 눈물을 줄줄 흘리곤 했다.52)
(『송자대전』에 보인다.)

淑人南陽洪氏 學士忠正公翼漢之女也, 府使沈益善之配也. 淑人六歲,見

49) 부모님이…… 때[銜恤] : 함휼은 근심을 품는 것. 부모가 세상을 떠난 후 항상
   자식이 근심하는 것을 말한다.
50) 서정록: 홍익한의 기록. 〈화포서정록(花浦西征錄)〉으로 1636년 12월 호란 이
   후부터 다음해 1월까지의 기록. 청나라로 끌려가는 과정을 쓴 것이다. 이것은
   〈화포선생조천항해록(花浦先生朝天航海錄)〉의 부록으로 되어 있다.
51) 북행록: 1637년(인조 15) 2월 12부터 3월 4일까지의 기록이다. 이 때 홍익한은
   청나라 심양으로 잡혀 갔었다.
52) 『송자대전』권187 〈숙인 홍씨 묘지명(淑人洪氏墓誌銘)에 있다.

蟻聚析薪就爇, 泣而救之. 聞牛哀鳴而不食其肉. 丁丑江【仁祖大王十五年】
都陷, 許氏立慬(殣)而沒, 而翁拘就虜庭。淑人, 鞠于族人家. 織紝自給, 常慟
念父母, 日夜號哭. 沈相國之源, 聞其賢, 取以爲子婦. 相公捐館, 哀慕甚至
於三年, 家人未嘗見其啓齒.

淑人始行, 謂府使曰, 吾父母體魂無託, 祭祀不通. 願哀而圖之. 府使憐
其意, 卒如其言. 其後朝廷之褒奬翁節, 亦其至誠感人之致.。

當其銜恤時, 主和人家或有相助者, 則卽不受曰, 此仇家也. 蓋以翁之受
禍由於斥和也. 故凡虜中物, 一切不相近焉. 嘗謂諸子曰, 吾親之藏尙無石,
何以表識於無窮乎. 又命鳩集遺文及親筆. 翁嘗有西征北行錄, 使諸子讀而
聽之, 輒歔歔泣下.

(見宋子大全)

　　유인 안동 김씨는[53] 처사 이유(李維)의【도암의 종제이다.】 부인이
다. 아버지는 정랑 김시발(金時發)이며[54] 어머니 이씨는 상국 이이
명(李頤命) 딸이다.[55] 임인년에[56] 이상국이 화를 당했을 때 정랑공

....

53) 유인 안동 김씨: 1705년~1765년(숙종 31~영조 41). 아버지는 김시발(金時發),
　　어머니는 이이명(李頤命) 딸이다. 총명하고 글 읽기를 좋아해『소학(小學立敎
　　篇)』,『삼강행실록(三綱行實錄)』등 교훈서뿐 아니라 두보의 시(杜甫詩)도 보
　　았다.
54) 김시발(金時發): 1683~1742년(숙종 9~영조 18). 증조부는 김광현(金光炫), 조
　　부는 김수빈(金壽賓), 아버지는 김성익(金盛益), 어머니는 권양(權讓) 딸이다.
　　23세에 진사에 합격. 신임사화 때에 장인 이이명을 비롯한 노론의 대신들이 죽
　　음을 당하는 것을 보고 관직을 버리고 귀향했다. 정미환국 때에 형제들의 죄에
　　연좌되어 귀양갔다가 풀려났다. 1738년 족제이며 동서였던 김신겸(金信謙)이
　　죽자 몸소 상례와 장례를 도왔는데 장지로 송사가 일어났고 이 일로 인해 남원
　　으로 귀양갔다가 1739년에 풀려났다. 아들이 없어 동생의 아들 김교행(金敎行)
　　을 후사로 삼았다.

도 연루되어 감금당한 지 4년이나 되었다. 유인은 친히 절구질하고 방아 찧어가면서 옥바라지를 했고 밤이면 뜰에서 이슬 맞으며 서서 하늘에 기도하였다. 하루는 흉당의 신하들이 '마땅히 대벽(大辟)[57]해야 한다'고 임금에게 아뢰었다. 그 때 유인의 숙부들은 모두 연좌되어 귀양 갔고 정랑공은 아들이 없었다. 유인이 혼자 눈물 흘리고 울고 부르짖고 곡하였다. 맨발로 걸어 대궐 앞에 이르러서 임금에게 글을 올려 대신 죽게 해달라고 청하였다. 길에서 한 옥관(獄官)을 만나면 또 그 수레를 가로 막고 호소하며

"제 아버지를 살려 주십시오."

라고 했다. 온 시장 안 사람들이 모두 혀를 차면서 눈물을 흘렸다. 임금에게 올린 글이 임금에게까지 올라가지는 않았지만 화가 조금 누그러졌고 정랑공은 마침내 살았다.

군자가 말한다.

"효성스럽도다. 지금 제영(緹縈)을[58] 보았구나."[59]

....

55) 이이명의 둘째딸. 자매들이 김정운, 임상익, 김신겸, 김원조와 결혼했다.

56) 1722년(임인년)에 일어났던 옥사. 노론 4대신이 연잉군(훗날 영조)을 보호했는데 경종이 즉위한 후 목호룡은 노론측 대신의 자식들이 경종 시해를 모의했다고 고변했고 소론측에서는 이를 반역죄라고 규정하고 노론 4대신을 비롯하여 노론측 사람들을 치죄했다. 이 때 노론 4대신 및 60여 명의 관련자들이 처형당했다.

57) 대벽(大辟): 사형(死刑)하는 것. 즉 당시 소론쪽 신하들이 노론 쪽 신하들을 모두 사형해야 한다고 임금에게 아뢴 일을 말한다.

(『도암집』에 보인다.)

孺人安東金氏, 李處士維【陶菴 從弟】之配也. 父正郎時發, 母李氏相國
頤命之女也. 壬寅李相國受禍, 正郎公亦連累, 被繫凡四年. 孺人親杵舂以
供獄, 夜則露立禱天. 一日凶黨奏當大辟. 時孺人諸父皆坐謫,正郎公又無男.
孺人獨涕泣號哭. 徒步至闕下,上書請代死. 道遇一獄官, 又遮車呼曰, 願活
吾父. 一市人咸咨嗟出涕. 書雖不得上, 禍少弛, 正郎公竟得生. 君子曰孝
哉. 今之緹縈也

(見陶菴集)

유인 전주 이씨는[60] 소재(疎齋) 충문공 이이명(李頤命)[61] 딸이며

························

58) 제영(緹縈): 한 문제(漢文帝) 때의 효녀(孝女). 아비 순우의(淳于意)가 죄를 지
어 형(刑)을 받게 되었는데, 제영이 몸을 바쳐 관비(官婢)가 되어 아비의 형(刑)
을 속(贖)하기를 청하니, 문제(文帝)가 그 뜻을 슬피 여겨서 육형(肉刑)을 면하
여 주었다.
59) 『도암집』권46 〈종제부 유인 안동 김씨 묘지(從弟婦 孺人 安東 金氏 墓誌)〉에
있다.
60) 유인 전주 이씨: 1692년~1724년(숙종 18~경종 4). 아버지는 이이명, 어머니는
서포 김만중 딸이다. 16세에 김신겸과 결혼했다. 오빠는 이기지(李器之). 언니
들은 김정운(金鼎運), 김시발(金時發), 임상익(林象翼)과 결혼 여동생은 김원
조(金遠祚)와 결혼했다.
61) 이이명(李頤命): 1658년~1722년(효종 9~경종 2). 본관은 전주(全州). 자는 지
인(智仁) 또는 양숙(養叔), 호는 소재(疎齋). 조부는 이경여(李敬輿), 생부는
이민적(李敏迪)이며, 어머니는 황일호(黃一皓)의 딸이다. 작은아버지 이민채
(李敏采)의 양자로 들어갔다. 1680년(숙종 6) 별시 문과에 을과로 급제. 1689년
기사환국 때 영해와 남해로 귀양갔다. 1698년 형 이사명(李師命)의 죄를 변호
하다가 다시 공주로 유배되었다. 1721년(경종 1) 세제의 대리청정을 주장하다

증소(橧巢) 문경공 김신겸(金信謙)[62] 부인이다. 신축년【경종 원년】
겨울 집안과 나라에 화가 일어나 신겸의 백부인 몽와공(夢窩公)과[63]

····························

가 실패하자, 주모자 김창집(金昌集) 등과 함께 관작을 삭탈당하고 남해에 유배
되어 있던 중, 목호룡(睦虎龍)의 고변으로 이듬해 4월 서울로 압송, 사사(賜死)
되었다. 공주에 우선 안장되었다가, 1725년(영조 1) 복작되면서 임천 옥곡(玉
谷)에 이장되었다. 그의 부인은 서포 김만중 딸이다.

62) 김신겸(金信謙): 1693년~1738년(숙종 19~영조 14). 본관은 안동(安東). 자는
존보(尊甫), 호는 증소(橧巢). 아버지는 김창업(金昌業)이며, 어머니는 익풍군
(益豐君) 이속(李涑)의 딸이다. 숙부인 김창흡(金昌翕)을 사사하였다. 1721년
(경종 1) 진사시에 합격했으나, 큰아버지인 김창집(金昌集)이 노론 4대신의 한
사람으로 신임사화 때 거제도로 유배되자 이에 연루되어 안변으로 유배되었다.
1725년(영조 1)에 풀려나자 강원도 영월의 산으로 들어가 후진 양성에 힘썼다.
사우 106인의 행적을 시로 읊은 〈백육애음(百六哀吟)〉을 썼다.

63) 몽와 김창집: 1648년~1722년(인조 26~경종 2). 본관은 안동. 자는 여성(汝成),
호는 몽와(夢窩). 좌의정 상헌(尙憲)의 증손으로, 아버지는 영의정 수항(壽恒)
이고 어머니는 안정나씨(安定羅氏)이다. 창협(昌協)과 창흡(昌翕)의 형이다.
1672년(현종 13) 진사시에 합격하여 공조좌랑을 거친 뒤, 1684년(숙종 10) 정시
문과에 급제하고 정언·병조참의 등을 지냈다. 숙종 말년의 왕위계승문제를 둘
러싸고 소론이 세자인 윤(昀 : 경종)을 지지하자, 그는 노론으로서 연잉군(延礽
君 : 영조)을 지지했다. 결국 경종이 즉위했으나 경종이 자식이 없고 병이 많자
좌의정 이건명(李健命), 영중추부사 이이명(李頤命), 판중추부사 조태채(趙泰
采) 등과 함께 노론 4대신으로서 연잉군을 왕세제로 세울 것을 주장했다. 경종
의 비 어씨(魚氏)와 아버지 어유구(魚有龜) 등의 반대에도 불구하고 1721년(경
종 1) 8월에 연잉군이 왕세제로 책봉되자, 10월에는 다시 왕세제의 대리청정을
상소했다. 경종은 세제의 대리청정을 명했다가 환수하기를 반복했고, 그에 따라
노론과 소론의 대립은 날카로워져 갔다. 같은 해에 사직(司直) 김일경(金一鏡)
등 소론에게 '왕권교체를 기도한 역모'를 꾸몄다고 탄핵을 받았다. 신임사화로
불리는 이 사건으로 노론의 권력기반은 무너지고, 그는 거제도에 위리안치되었
다가 이듬해 성주에서 사약을 받고 죽었다. 1724년 영조 즉위 후 관작이 복구되
었다.

소재공이 동시에 화를 입어 절도로 귀양가게 되었다.[64] 임인년 옥사가 일어났을 때 소재공은 한강에 이를 즈음에 화를 만나게 되었다. 염구(斂具)가 남해로부터 뒤따라 왔었는데 아직 도착하지 못하였으므로 다만 유인과 그 맏언니가 함께 하룻밤 사이에 마련하여 제때에 염을 다 마쳤다.

그때 몽와공은 성주(星州)에서 화를 만나 신겸은 성주로부터 와 소재공을 뵙기 위해 올라왔었는데 삼일 만에 한강 가에 이르렀지만 상여는 이미 남쪽으로 간 뒤였다. 유인이 곡을 하면서 그 오빠가 쓴 편지를 보여주며

> "오빠가[65] 우리 부부에게 집안 식구들을 부탁했어요. 아버지의 혈맥으로는 오직 봉상(鳳祥)이만 있는데 이를 장차 어찌해야 하나요?"

라고 했다. 그리고 하루 뒤에 그 오빠 또한 죽었다. 흉적들이 임금에게 계를 올려 발의하자 유인이 비밀히 아이 종을 불러 자신의 계획을 말했고 삼 일동안 울면서 도움을 청했다. 한 어린 종이 있었는데 나이와 생김새가 봉상과 아주 비슷했다. 그를 강에 빠뜨리고 봉상이 묘소 아래에서 돌아오다가 강에 빠져 죽었다고 소문을 냈다. 그리고는 종의 시신을 거두어 염을 하니 관에서 시신을 검사하였고 마침내 아무 의심도 하지 않아 일을 무사히 마무리했다. 이는 모두 유인의 힘이었다.

그 해 8월 신겸이 안변(安邊)으로 귀양가게 되자 또 소재공의 초상

----

64) 이 때 남해에 유배되었다.
65) 이이명의 아들 이기지(李器之)를 가리킴. 임인년 사화 때에 죽었다.

화와 유집을 갖춰 갖고서 신겸을 따라 고개를 넘었다. 소재공의 소상
및 대상일이 되면 향촉과 술, 제수를 차려 놓고 영정 앞에 나아가 곡
을 하는데 밤새 그치지 않았다. 이웃 마을에서도 또한 감동하여 눈물
을 흘리기도 했다. 살고 있던 집이 마치 외양간 같아 날마다 벌레와
벼룩 때문에 어려움을 겪어 날로 심하게 수척해져갔다. 그런데도 오
히려 자력으로 옷가지, 먹거리를 마련하였고 자리에 누워 있을 때에
도 바느질과 방적을 그만두지 않으면서

> "내가 차마 죽지 않고 이것을 하는 이유는 죽기 전에 꼭 한번
> 이라도 어머니를[66] 뵙고자 하기 때문이다."

라고 말했다.[67]

(『정암집』에 보인다.),

孺人全州李氏, 疎齋忠文公頤命之女, 檜巢金文敬公信謙之配也. 辛丑
【景宗大王元年】冬, 家國禍作, 信謙伯父夢窩公與疎齋公同被竄絶島. 及壬
寅獄起, 疎齋公到漢江遇禍. 斂具自南海追而不及, 只孺人與其伯姊, 辦之
一夜間, 得及時完斂.

時夢窩公遇禍於星州, 信謙自星州爲見疎齋公,三日而至漢上, 柩已南矣.
孺人哭示其兄手書曰, 阿兄托我夫妻以眷屬矣. 先人血脉, 只有一鳳祥, 此
將奈何. 居一日其兄又死. 孥啓發, 孺人密召僮僕, 告以計. 孺人泣乞三日.

....

66) 김만중의 딸.
67) 『정암집』권10 〈유인 완산 이씨 묘지명(孺人完山李氏墓誌銘)〉에 있다. 또 유
인의 남편이었던 김신겸의 『증소집(橧巢集)』에 실린 〈망실유인이씨행장(亡室
孺人李氏行狀)〉이 있다.

有一奴兒年貌與鳳祥髣髴, 沉之江, 聲言鳳祥自墓下歸, 投江死. 取其尸襲斂, 自官驗尸, 卒無可疑, 事得已. 皆孺人力也。

其年八月, 信謙竄安邊, 又以疎齋公畫像遺集從信謙踰嶺. 遇疎齋公祥日, 具香燭酒羞, 就影前哭。, 夜不已. 隣里亦感泣. 所居如牢, 日困蟲蚤, 尫毁日甚. 而猶自力經紀衣食, 臥席不廢鍼績曰, 所以忍死爲此者, 未死必欲一見吾母故耳.

(見貞菴集)

유인 상산 김씨는[68] 한포재(寒圃齋) 충민공 이건명(李健命)의[69] 아들인 이성지(李性之)의[70] 부인이다. 충민공이 세 충신과【몽와 충

....

[68] 유인 상산 김씨: 김유(金濡) 딸. 김유는 1652(효종 3)년에 태어나 1693년(숙종 19)에 죽었다. 조부는 김설(金卨), 아버지는 김우석(金禹錫), 어머니 임형백(任衡伯)의 딸이다. 아버지 상을 치르는 도중 죽어 효자로 정려를 받았다. 최석정(崔錫鼎)이 그를 위해 〈수효선생묘지명 (粹孝先生墓誌銘)〉이 있다. 유인 김씨는 김유의 외동딸이며 김동익(金東翼), 김동필(金東弼) 등과는 남매간이다.

[69] 이건명(李健命): 1663년~1722년(현종 4~경종 2). 본관은 전주(全州). 자는 중강(仲剛), 호는 한포재(寒圃齋). 증조부는 이수록(李綏祿), 조부는 이경여(李敬輿)이, 아버지는 이조판서 이민서(李敏敍)이며, 어머니는 정승 원두표(元斗杓)의 딸이다. 노론사대신(老論四大臣)의 한 사람이다. 1684년(숙종 10) 진사시에 합격하고 1686년 춘당대 문과에 을과로 급제했다. 경종 즉위 후 김창집(金昌集)·이이명·조태채(趙泰采)와 함께 노론의 대신으로서 연잉군의 왕세자 책봉에 노력했으나, 소론의 반대에 부딪쳤고, 전라도 흥양(興陽-지금의 고흥)의 뱀섬[蛇島]에 위리안치되었다가 1772년 그 곳에서 죽었다. 현재 그를 기리는 덕양서원(德陽書院)이 있다. 첫 부인은 김만균(金萬均) 딸, 두 번째 부인은 김수빈(金壽賓) 딸이다. 아들 김면지, 김성지, 김술지를 두었고 딸들은 김희경(金喜慶), 홍경보(洪鏡輔)와 결혼했다.

[70] 이성지(李性之): 1691년~1707년(숙종 17~숙종 33). 아버지는 이건명(李健命), 어머니는 김수빈 딸. 이건명의 둘째 아들. 후에 종숙부인 이진명(李晉命)의 후

헌공 김창집, 소재 충문공 이이명, 이우당 충익공 조태채】함께 화를 당했고[71] 이후 맏아들인 면지(勉之)와 술지(述之)도[72] 명을 받아 둘 다 함께 현의 문 밖에서 죽음을 당했다. 충민공의 둘째 아들 성지는 종숙부[73] 집안으로 가서 후사가 되었지만 이미 단명했다. 충민공 집안의 노비들은 모두 관아로 몰수되어버렸으므로 그 연궤(筵几)가[74] 갈 데가 없었다. 이 때 김씨는 임시로 나무신주를 받들고 경기도의 서하(西河)로 돌아갔다.[75] 수십 칸 집을 짓고 그 일이 다 끝나자 예를 다하여 상례와 제사를 지냈다.

김씨는 일찍이 아버지가 돌아가셨기 때문에 어렸을 때에는 숙부가 양육했었다. 신임사화 때에 그 숙부가[76] 충민공에게 죄를 주라고 임금에게 청한 적이 있었다. 그래서 김씨는 은혜와 사랑을 끊고서 절대

....

사(後嗣)가 되었다. 형 이면지의 막내아들 이연상(李衍祥)을 후사로 삼았다. 포천 내촌면 음현리에 그의 묘소가 있다. 그의 비문은 아버지인 이건명이 지었다.

71) 경종이 병약하다고 하여 당시 노론 4대신이 세제가 된 연잉군이 대리청정할 것을 건의했고 이것을 소론쪽에서 비판함으로써 노론 4대신이 귀양갔다. 그리하여 1721년(경종 1)김창집은 거제, 이이명은 남해, 조태채는 진도, 이건명은 나로도에 유배되었다. 그리고 이건명은 에 나로도(羅老島)에서 1772년(경종 2)에 그 곳에서 죽었다.

72) 이면지는 맏아들. 이술지는 셋째 아들이었다.

73) 이진명(李晉命).

74) 연궤(筵几): 빈소(殯所). 죽은 사람의 영궤(靈几)와 그에 딸린 여러 가지를 차려 놓는 곳.

75) 경기도의 교하(交河)를 가리킨다.

76) 김씨의 작은 아버지 김연(金演)이 경종 2년 노론 4대신의 처분에 대해 논의할 때 이건명을 처단하라는 의견에 참여하였다. 이로 인해 이건명 집안의 재산이 몰수되었다. 영조 즉위 후 김연은 노론의 탄핵을 받아 귀양갔다.

서로 왕래하거나 소식을 주고 받지 않았다. 그 숙부가 일찍이 백리 밖에서 사람을 시켜 죽을 것 같다는 편지를 보냈지만 심부름꾼을 붙잡아 대문 밖으로 내쫓고 끝내 거절하고 받지 않았다.

(『박소촌화』에[77] 보인다. 민재 이동윤이 지었다.)[78]

孺人商山金氏, 寒圃齋李忠愍公健命子, 性之之配也. 忠愍公與三忠【夢窩金忠獻公昌集 疎齋李忠文公頤命 二憂堂趙忠翼公泰采】同受, 後命長子勉之與述之, 亦幷命於縣門外. 忠愍仲子性之出后于其從父, 已短命. 忠愍家臧獲, 盡沒入于官. 其筳几, 無可往矣. 金氏權奉木主歸畿輔之西河. 營屋數十間, 鋪置已訖, 喪祭盡禮.

金氏早孤, 幼養於其叔父. 辛壬之變, 其叔父有請罪忠愍之事. 金氏割其恩愛, 絶不與之往來通信. 其叔父嘗百里專人, 有摧謝之書, 乃摽使者出之大門之外, 終拒不受.

(見樸素村話 李泚齋東允著)

유인 창녕 조씨는[79] 충민공의 아들 이면지(李勉之)의[80] 부인이며

....

77) 박소촌화(樸素村話): 이동윤이 지은 책. 그 내용을 보면 단군입국(檀君立國)을 비롯하여 태조대왕건국지초(太祖大王建國之初), 국초의관(國初衣冠), 고려지어원(高麗之於元), 세종대왕(世宗大王), 세칭생육신(世稱生六臣) 등 모두 140항목의 이야기를 싣고 있다.

78) 유인 상산 김씨에 대한 내용은 유숙기(兪肅基)의 『겸산집(兼山集)』〈金儒人傳〉에도 있다. 이술지(李述之)의 둘째 아들인 이연상(李衍祥)을 입양하여 후사로 삼았다.

79) 유인 창녕 조씨: 아버지는 조하언(趙夏彦), 어머니는 이정영(李正英) 딸. 이면지와 결혼하여 아들 이복상(李復祥), 이덕상(李德祥), 이철상(李徹祥), 이득상(李得祥_이 낳았고, 딸은, 민백선(閔百善)의 아내가 되었다. 妻 남편 이면지가 죽을

조명종(曹命宗)의81) 여동생이다. 오빠인 조명종이 계묘년 위과에【흉당들이 四忠을82) 죽인 다음 토역과를 실시했다.】83) 응시하였다가 그 여동생을 보기 위해 귀양지로 갔었다. 부인이 곡을 하고서 만나주지 않으며 말하기를

"내가 오빠를 볼 면목이 없다."

고 했다.

(위의 책에 보인다.)

孺人昌寧曹氏, 李忠愍子勉之之配, 命宗之妹也. 命宗赴癸卯僞科【凶黨殺四忠 設討逆科】, 來見其妹于謫所. 夫人哭而不見曰吾無面見吾兄也.

....

때 아이들을 잘 길러 줄 것을 부탁했다. 언니는 민안수(閔安洙)와 결혼했다.
80) 이면지(李勉之): 1690년~1722년(숙종 16~경종 2). 아버지는 이건명, 어머니는 김수빈 딸이다. 이건명의 첫째 아들. 1719년(숙종 45)에 사마시에 합격. 1722년 8월 홍양(興陽-현재 고흥) 나로도에서 아버지 이건명이 사약을 받고 죽자 염습하고 관을 갖고 오다가 덕산(德山)에 이르렀을 때 가산 몰수의 명이 떨어지자 동생 술지와 함께 죽임을 당하였다. 1725년에 복관되어 사헌부지평에 추증되었다.
81) 조명종(曹命宗): 아버지는 조하언(曹夏彦). 능주목사를 지냈고, 조영익(趙榮益) 딸과 결혼했다. 동생 조명인(曹命寅)의 아들 조윤적(曹允迪)을 후사로 삼았다.
82) 사충(四忠): 충헌공 김창집(忠獻公金昌集), 충문공 이이명(忠文公李頤命), 충익공 조태채(忠翼公 趙泰采), 충민공 이건명(忠愍公李健命) 등을 말한다.
83) 계묘년 위과: 1723년(경종 3)년에 치른 과거시험. 신축년과 임인년 사이에 소론파가 노론파를 역적이라고 규정하고 쫓아낸 후 이것을 경하하기 위해 시행한 일종의 토역 정시(討逆庭試). 충민공 이건명은 노론 대신이었고 조씨는 그 집 며느리였기 때문에 소론이 주관한 과거시험에 응시한 친정 오빠를 만나주지 않았던 것이다.

유인 함양 박씨는[84] 남당 한선생【이름은 원진, 자는 덕소, 본관은
청주이며 벼슬은 집의였고 시호는 문순공이다.】의 어머니이다. 식견
이 통달하고 높았으며 큰 의리에 밝았다. 무신년【영조대왕 4년】에
형제가 모두 왕사(王事)로[85] 나가게 되었는데 떠날 때에 말과 얼굴
표정에 조금도 마음을 드러내지 않았고, 돌아왔을 때에도 또한 기뻐
하는 안색을 하지 않았으니 평상시와 똑같이 보내고 맞이했다. 조카
인 정진(挺震)이[86] 인사하러 왔을 때 말하기를

"이후에 어느 때 변고가 있을지 알지 못하니 아이들이 나 때
문에 염려하여 나랏일에 온 마음을 쏟지 못할까 걱정이었다. 그
래서 내가 오래 살기를 바라지 않는다."

라고 했다.

신해년 여름 진원이 소명으로 인해 맹자의 일로 상소하여 말을 했

----

84) 유인 함양 박씨:1653년~1732년(효종 4~영조 8). 아버지는 박숭부(朴崇阜), 어
   머니는 윤집(尹鏶) 딸. 아직 시집가지 않았을 때 병을 앓아 거의 죽게 되었을
   무렵 한씨라고 칭하는 관리가 큰 소리로 꾸짖자 귀신이 달아나는 꿈을 꾸었다
   고 한다. 그리고 한유기와 결혼했던 것이다.
85) 무신년 왕사: 1728년(영조 4)에 이인좌가 난을 일으켜 청주를 점령하고 그 기세
   를 확장해 나갔다. 이 때 한원진은 벼슬하지 않았으므로 조정에 들어가기가 불
   편하여 호서의 權憡 진영에 들어갔다.
86) 한정진(韓挺震): 한성기(韓聖箕)의 셋째 아들. 어머니는 심지박(沈之薄) 딸이다.

었다.[87] 소(疏)가 아직 들어가지 않았을 때 옥당에서 먼저 차자(箚
子)를 넣어 비난하면서 참소했다. 임금의 분노가 크게 떨쳐 장차 대
죄를 얻게 될 상황이었는데 대신들이 구해주고 해명한 덕분에 벌을
면했다. 외가 사람들이 모두 망언을 했다면서 질책하자 부인이 편지
를 써서 그들을 꾸짖었다. 또

"이러한 의리를 너희들이 능히 모를까 걱정스럽다."

라고 했다. 이로부터 소명이 다시는 내려오지 않았고 조정에서도 감
히 들추어내지 못하였다. 그리하여 부인이 기뻐하면서 한스럽게 여
기지 않았다.[88]

(『남당집』에 보인다.)

孺人咸陽朴氏 南塘韓先生【名元震 字德昭 淸州人 官執義 諡文純公】之
母夫人也. 有達識高見, 明於大義. 戊申【英祖大王四年】兄弟皆以王事出去,
送別之際, 略無幾微見於言面, 旣歸, 亦不以喜動顔色, 一如常時逢別. 及
從子挺震來拜, 語之曰, 此後時變不可知, 而兒輩每以我爲念, 恐不能專心

······················

87) 1731년(영조 7) 경연에서 영조가 『맹자』에 나오는 글귀 중에서 '신하가 임금 보
기를 원수같이 한다.(臣視君如仇讎)'라는 부분을 말하면서 특히 명(明)의 고황
제가 맹자를 출향한 일을 들어가면서 맹자의 이 말이 시비거리가 되었다고 하
였다. 한원진은 이를 걱정하면서 고황제가 전당(錢塘)의 말을 받아들여 마음을
바꾸었던 일로써 경계했었다. 이 소(疏)가 임금에게 들어가기 전에 옥당에 있던
김상성(金尙星) 등이 먼저 차자를 올려 모함했다. 영조가 이 일로 노하여 먼저
잘못 전파한 사람들을 잡아 가두었다. 이 때 대신들이 잇달아 상소를 올렸고
김재로, 박필주 등의 간언으로 구제되었다.
88) 『남당집』권33 〈선고비 묘지(先考妣墓誌)〉에 있다.

於國事, 以此吾不願其久壽. 辛亥夏, 元震因召命陳疏言孟子事. 疏未入,
玉堂先入箚詆訴. 天威震疊, 將獲大罪, 賴大臣救解得免. 外氏諸人皆以妄
言爲咎, 夫人抵書責之, 且曰, 此等義理, 君輩恐不能知之. 自是召命不復
下, 朝廷亦不敢擧揮. 而夫人怡然不以爲恨.

(見南塘集)

정부인 진주 정씨는[89] 충민공 이봉상(李鳳祥)【충무공 이순신의 5
세손]의[90] 어머니이다. 부인의 천성은 매우 엄격했고 식견도 있었
다. 충민공을 의로운 방법으로 가르쳤다. 공이 통제사를 지낼 때 부
인이 경계하기를

    "일찍이 통제사 병영의 마음을 들어보니 사람들이 충무공(忠
    武公)의 자손다운 장수를 원하더구나. 너는 조상의 공렬을 반드
    시 염두에 두어야 할 것이다. 나랏일에 마음을 다하여 사람들이
    실망하지 않도록 해야 한다."

라고 했다.
    또 옷상자를 보여주며

....

89) 정부인 진주 정씨: 이홍저(李弘著) 아내. 이봉상 어머니. 아들 이봉상이 이인좌
    난 때 항거하다 죽었으므로 그로 인해 특별히 정경부인에 봉해졌다.
90) 이봉상(李鳳祥): 1676년~1728년(숙종 2~영조 4). 본관은 덕수(德水). 자는 의숙
    (儀叔). 이순신(李舜臣)의 5대손이다. 아버지는 이홍저(李弘著), 1702년(숙종
    28) 무과에 급제. 1725년(영조 1) 형조참판으로서 훈련금위대장을 겸임하였다.
    1728년(영조 4) 이인좌(李麟佐)가 반란을 일으켜 청주를 함락하였을 때 작은아
    버지 이홍무(李弘茂)와 함께 반란군에게 붙잡혀 죽었다. 시호는 충민(忠愍)이다.

"네가 춥고 더울 때 입어야 할 옷가지들을 준비했다. 그러니 관가의 물건은 한 자, 한 촌이라도 사용하지 말아라"

라고 했다. 공이 죽었을 때 부인은 곡하지 않으면서

"내 아들이 나라를 위해 죽어 능히 세상에 욕을 더하지 않았으니 무엇이 슬프단 말인가?"

라고 말했다.[91]

(『도암집』에 보인다.)

貞夫人晉州鄭氏, 李忠愍公鳳祥【忠武公純臣五世孫】之母夫人也. 夫人性嚴有識度, 敎公以義方. 統帥時夫人戒之曰, 嘗聞統營軍情, 願得忠武子孫爲帥. 汝須念先烈, 盡心國事, 無使人失望也.

且示衣篋曰 汝凉燠之具備矣. 汝勿用官家尺寸物. 及公之喪, 夫人不哭曰, 吾子死於國, 能不忝其世矣, 何戚爲.

(見陶菴集)

충간공(忠簡公) 김공의[92] 부실 이씨는 양민 집안 자식이었다. 혼

....

91) 『도암집』권30 〈절도사 증찬성 이공 신도비(節度使贈贊成李公神道碑)〉에 있다. 황경원의 『강한집』권20 〈가선대부충청도병마절도사 증의정부좌찬성 시충민 이공 행장(嘉善大夫忠淸道兵馬節度使贈議政府左贊成, 諡忠愍李公行狀)〉에도 같이 일화가 있다.

92) 충간공(忠簡公): 김권(金權). 1549년~1622년(명종 4~광해군 14). 본관은 청풍(淸風). 자는 이중(而中), 호는 졸탄(拙灘). 김식(金湜)의 손자. 아버지는 김덕

조 때 금용(金墉)의 변란이[93] 일어나자 온 관료들로부터 의견을 모았다. 그때 충간공이 의견을 내놓으려고 하자 이씨가 옆에 있다가

> "이 일은 삼강(三綱)과 관계되는 일이니 경솔하게 해서는 안
> 됩니다."

라고 말하고 급히 잠곡(潛谷)에게[94] 사람을 보내어 문정공을 맞이해 왔다. 문정공은 곧 충간공의 재종손이었다.[95]

....

무(金德懋)이며, 어머니는 윤인(尹麟)의 딸. 성혼(成渾)의 문인. 1580년(선조 13) 별시문과에 을과로 급제. 정여립이 이이를 비난하자 이를 논박하다가 파직당했으며, 임진왜란 때 광해군을 전주까지 호종한 공으로 1612년 청풍군(淸風君)에 봉해졌다. 그러나 광해군의 폐모론에 반대하다가 강계로 귀양갔다가 무안으로 이배되어 5년 간 살다가 그 곳에서 죽었다. 부인은 이한장(李漢墻) 딸인데 김권보다 32년 먼저 죽었다.

93) 금용(金墉)의 변란: 임금, 황후, 태자, 태후 등이 폐위되고 유폐되는 것을 말한다. 진(晉) 나라 양후(楊后), 민회태자(愍懷太子)가 금용성(金墉城)에 갇혔고, 사마사(司馬師)는 위(魏) 나라 임금인 조방(曹芳)을 금용성에 가두었고, 진 나라 혜제(惠帝)도 폐위되면서 금용성에 갇혔던 데에서 나온 말이다. 여기서는 광해군이 영창대군을 죽이고 인목대비를 서궁에 유폐한 일을 말한다.

94) 잠곡(潛谷): 김육(金堉). 1580년~1658년(선조 13~효종 9). 본관은 청풍(淸風). 자는 백후(伯厚), 호는 잠곡(潛谷)·회정당(晦靜堂). 김식(金湜)의 4대손. 조부는 김비(金棐), 아버지는 김흥우(金興宇)이며, 어머니는 조희맹(趙希孟)의 딸이다. 1605년(선조 38)에 사마시에 합격. 광해군 때에는 가평 잠곡에 머물러 있다가 인종반정 이후 벼슬에 나아갔다. 효종 때 대동법 시행을 건의, 확장하고자 했으나 그 일로 김집과 불화를 겪기도 했다. 대동법을 충청도에서만 시행하게 되면서 민간에서 주전(鑄錢)하는 일도 허용하기도 했고 호남으로 확대하고자 했으나 논의 도중 죽었으므로 더 이상 확대되지 못하였다.

95) 김권은 김식의 손자, 김육은 김식의 4대손이므로 같은 집안 사람이다. 저서『잠

이씨는 몸소 붓과 벼루를 문정공 앞에 드리고 나서

"이는 신하들이 죽음을 바쳐야 하는 날입니다. 공께서는 반드
시 곰곰이 잘 생각하시고 마음을 다하여 대의를 밝혀주십시오."

라고 했다. 충간공과 문정공은 상의하여 의견을 확정하고 글을 작성
했다. 그리고 의견을 내놓았는데 그 일로 강계로 유배되었고 후에 무
안으로 옮겨졌다.

이씨는 귀양지까지 따라가느라 수천 리에 걸친 험한 곳을 걸었다.
어려움을 겪었지만 자신의 운명인 양 편하게 여겼다. 서궁(西宮)에서
변고가 일어났고 유언비어가 널리 퍼지기를

'대비가 이미 불행하게 되었다.'라고 하였다. 공이 하루종일 통곡
했고 결국 침식(寢食)을 폐하였다. 무안의 관리였던 신홍립(辛弘立)
이[96) 때때로 문안 인사하러 왔는데 이씨는 구석방에 있으면서 그가
공에게 먹기를 권하는 말을 들었다.[97) 그러나 홍립에게 말하기를

곡유고(涔谷遺稿)』가 있다.

96) 신홍립(辛弘立): 1558년~1638년(명종 13~인조 16). 본관은 영월(寧越). 자는
공원(公遠). 호는 추애(秋厓). 아버지는 신내옥(辛乃沃), 어머니는 남구수(南龜
壽)의 딸이다. 1582년(선조 15) 사마시에 합격. 춘추관기사관(春秋館記事官)이
되고, 무안(務安), 용인(龍仁) 현감 등을 지냈다. 저서로 『추애유집(秋厓遺集)』
이 있다.

97) 당시 신홍립은 무안현감이었다. 김권이 인목대비가 죽었다는 유언(流言)을 듣
고 슬퍼하자 술을 가져와 위로했는데 그 날이 마침 선조(宣祖)의 기일이어서
술을 마시지 않았다. 그리고 자식들에게 상례를 치를 준비를 미리 해 놓으라고
일렀다.

"우리 공께서 이미 한번 죽기로 마음의 결정을 하였습니다. 의리상 마땅하지요. 공에게 억지로 권하지 마십시오."

라고 했다. 홍립이 탄식하면서 갔다. 충간공은 마침내 귀양지에서 죽었다. 이씨는 예를 다하여 상례를 치렀고 관을 따라 평구로 돌아왔다. 그리고 가족과 친족에게 말하기를

"우리 공께서 이 때에 돌아가셨으니 그 죽음을 바름을 얻었습니다. 무슨 위로가 필요하겠습니까?"

라고 한 다음 드디어 스스로 목숨을 끊었다.[98]

(『매산집』【홍직필의[99] 호다.】에 보인다.)

金忠簡公副室李氏, 良家子也. 昏朝金堉之變, 收議于百僚. 時忠簡公, 將獻議, 李氏在傍曰, 此事係關三綱, 不宜草率. 急走人潛谷, 邀文貞公. 文貞公卽忠簡公再從孫也.

李氏躬進筆硯于文貞公曰, 此人臣效死之日, 公必精思盡意, 以明大義. 忠簡公與文貞,商確成文. 旣獻配江界, 後移務安.

....

98) 『매산집』권51 〈이열녀전(李烈女傳)〉에 있다.

99) 홍직필(洪直弼): 1776년~1852년(영조 52~철종 3). 본관은 남양(南陽). 초명은 홍긍필(洪兢弼). 자는 백응(伯應)·백림(伯臨), 호는 매산(梅山). 서울 출신. 조부는 홍선양(洪善養), 아버지는 홍이간(洪履簡), 어머니는 박량흠(朴亮欽) 딸. 그의 어머니가 신령한 거북이가 품에 드는 태몽을 꾸었다고 한다. 1801년 (순조 1) 부모의 권유로 사마시에 응시해 초시에 합격했으나 회시에서 떨어진 후 성리학에만 몰두했다. 송환기(宋煥箕), 이직보(李直輔)·임로(任魯) 오희상 (吳熙常) 등과 교유했다. 저서로 『매산집』이 있다.

李氏隨謫所, 行險數千里備經佗儌, 而安之若命. 西宮【仁穆大妃宮】儷
變, 訛言傳播, 謂大妃已不幸. 公痛哭終日, 仍廢寢餐. 務安倅辛弘立有時
候問, 李氏在洞房聞勸食肮摯. 語弘立曰吾公已定一死. 於義宜然. 公勿強
勖. 弘立嗟歎而去. 忠簡公竟卒于謫. 李氏治喪盡禮, 隨柩而還于平丘. 語
族戚曰, 吾公以此時死, 死得其正. 何以慰爲. 遂自裁.

(見梅山【洪公直弼號】集)

　　정경부인 상주 황씨는100) 양곡 충정공 오두인(吳斗寅)의101) 계배
이다. 기사년【숙종대왕 5년】변고102) 때에 공이 장차 항소하려고 하
니 많은 사람들이 모두 두려워했지만 부인 혼자서 의연하게 동요하

....

100) 정경부인 상주 황씨: 1646년~1704년(인조 24~숙종 40). 아버지는 황연(黃埏),
　　　어머니는 유비(柳斐) 딸이다. 21세에 오두인과 결혼.자신의 소생인 오태주(吳
　　　泰周)가 현종 딸 명안공주와 결혼하여 왕실의 인척이 되었다. 오두인의 첫 부
　　　인이 다른 곳에 묻혔는데 자신과 남편을 한 곳에 묻는 것을 예법을 어기는 일
　　　이라고 하면서 다른 곳에 묻어달라고 유언했다.

101) 오두인(吳斗寅)1624년~1689년(인조 2~숙종 15). 본관은 해주(海州). 자는
　　　원징(元徵), 호는 양곡(陽谷). 증조부는 오정방(吳定邦), 조부는 오사겸(吳士
　　　謙), 아버지는 이조판서 오상(吳翔), 어머니는 이효길(李孝吉)의 딸이다. 숙부
　　　오숙(吳淑)에게 입양되었다. 1648년(인조 26) 진사시에 1등으로 합격, 1648년
　　　에 별시문과에 장원으로 급제하였다. 1689년(숙종 15)인현왕후 민씨(仁顯王
　　　后閔氏)가 폐위되자 이세화(李世華)·박태보(朴泰輔)와 함께 이에 반대하는
　　　소를 올려 국문을 받고, 의주로 유배 도중 파주에서 죽었지만 바로 복관되었
　　　다. 세 번 결혼했는데 민성휘(閔聖徽) 딸, 김숭문(金崇文) 딸, 황연(黃埏) 딸
　　　을 배우자로 맞았다.

102) 1689년 2월 숙종이 장희빈의 아들을 세자로 삼으려하자 김수흥, 송시열 등이
　　　반대하였고 5월에 인현왕후가 폐위되었다. 이 과정에서 노론쪽 사람들이 파직
　　　당하거나 유배되었다.

지 않으며 말하기를

"대장부가 나라에 몸을 허락하였으니 어찌 화를 입을 일을 걱
정하겠는가?"

라고 했다.[103]

(『삼연집』에 보인다.)

貞敬夫人尙州黃氏, 陽谷吳忠貞公斗寅之繼配也. 己巳【肅宗大王五年】
之變【廢仁顯王妃】, 公將抗疏, 衆皆洶懼, 而夫人獨毅然不動曰, 丈夫許身
爲國, 寧禍之恤哉.

(見三淵集)

숙인 창녕 성씨는[104] 좌랑 이세운(李世雲)의[105] 계배이며 문암(文
菴) 이의철(李宜哲)의[106] 어머니이다. 매번 나라에 대상이 날 때마다

....

103) 『삼연집』 권27 〈정경부인 상주 황씨 묘지명(貞敬夫人尙州黃氏墓誌銘)〉에 있
다. 사위인 최창대(崔昌大)의 『곤륜집』 〈정경부인상주황씨묘갈명〉도 있다.

104) 숙인 창녕 성씨: 1680년~1732년(숙종 6~영조 8). 아버지는 성집(成鏶), 어머니
는 이만희(李晩熙) 딸. 18세에 이세운과 결혼.

105) 이세운(李世雲): 1657년~1713년(효종 8~숙종 39). 자(字)는 용경(龍卿). 아버
지는 이윤악(李胤岳), 어머니는 윤필은(尹弼殷)이다. 1684년(숙종10)에 진사
시 합격. 1689년(숙종15) 기사년에 인현황후가 폐위되었을 때 대궐에 나아가
울면서 간하였다. 말년에 금천(현재 서울 금천동)에 살았다. 첫 부인은 김천석
(金天錫) 딸이고 두 번째에는 성집 딸과 결혼했다.

106) 이의철(李宜哲): 1703년~1778년(숙종 29~정조 2). 본관은 용인(龍仁). 자는

반드시 당 아래로 내려가 곡하며 눈물을 줄줄 흘렸다.[107] 임금과 신하 사이의 의리가 있기 때문에 부인이라고 해서 폐해서는 안 된다고 생각했던 것이다.[108]

(『도암집』에 보인다.)

> 淑人昌寧成氏, 佐郞李世雲之繼配, 文菴宜哲之母夫人也. 每遇國家大喪, 必下堂哭泣流涕. 以爲君臣之義, 不以婦人而可廢也
>
> (見陶菴集)

유인 경주 이씨는[109] 옥소산인(玉所山人) 권섭(權燮)의[110] 부인이

....

원명(原明), 호는 문암(文庵). 증조부는 이후준(李後俊), 조부는 이윤악(李胤岳), 아버지는 이세운(李世運), 어머니는 성집(成鏶)의 딸이다. 1727년(영조 3) 사마시에 합격. 1769년 광주 지방 유생들이 박세채(朴世采)를 문묘(文廟)에서 출척하려고 상소하여 세간의 노여움을 샀는데 그 유생들을 옹호하다가 진도에 유배되었다. 조여벽(趙汝璧)의 딸과 결혼했다.

107) 숙종의 국장 소식을 듣고 당 아래로 내려가 곡을 하고 나서 '평소에 국가의 은혜를 깊이 느낀 적이 없었는데 지금 나도 모르게 눈물이 난다. 군신 사이는 부자 사이와 같다는 말이 참으로 빈말이 아니구나.'라고 했다고 한다. 이의현(李宜顯)의 『도곡집』권24 〈숙인창녕성씨행장〉에 이런 일화가 나온다.

108) 『도암집』권45 〈숙인 창녕 성씨 묘지(淑人昌寧成氏墓誌)〉에 있다.

109) 유인 경주 이씨: 1670년~1695년(현종 11~숙종 21). 아버지는 이세필(李世弼), 어머니는 박세모(朴世模) 딸이다. 17세에 권섭과 결혼하여 10여 년의 짧은 결혼생활을 했고 아들 이초성(李初性)을 두었다. 죽을 때 남편에게 재취할 것을 권하였다. 이후 권섭은 조경창(趙景昌) 딸과 재혼했다. 이태좌(李台佐), 이정좌(李鼎佐)와 남매지간이며 언니는 박항한(朴恒漢), 여동생은 원명구(元命龜)와 결혼했다.

며 한수선생(寒水先生)【이름은 상하, 자는 치도, 안동인이며 벼슬은 좌의정이고, 시호는 문순공이다.】의111) 종자부이다. 일찍이 그 남편에게 말하기를

....

110) 권섭(權燮): 1671년~1759년(현종 12~영조 35). 본관은 안동(安東). 자는 조원(調元), 호는 옥소(玉所)·백취옹(百趣翁)·무명옹(無名翁)·천남거사(泉南居士). 서울 출생. 조부는(執義)권격(權格), 아버지는 권상명(權尙明), 어머니는 이세백(李世白)의 딸이다. 권상하(權尙夏)는 그의 큰아버지, 권상유(權尙遊)는 숙부이다. 14세에 아버지가 돌아가서 백부 권상하가 보살폈고 외삼촌인 이의현(李宜顯), 처남 이태좌(李台佐)와 함께 공부했다. 1686년(숙종12) 16세에 이세필(李世弼)의 딸과 혼인하였다. 1689년(숙종 5) 기사환국 때 연명상소에서 이름을 맨 처음에 올리면서 세상 일에 관심을 가졌지만 송시열 등이 사사되는 것을 보고 관직에 뜻을 두지 않았다. 한시뿐 아니라〈황강구곡가(黃江九曲歌)〉를 비롯한 시조 75수,〈영삼별곡(寧三別曲)〉,〈도통가(道統歌)〉 가사 2편을 남김으로써 국문문학사에서도 중요한 위치를 차지하고 있다.

111) 한수선생(寒水先生): 권상하(權尙夏). 1641년~1721년(인조 19~경종 1). 본관은 안동(安東). 자는 치도(致道), 호는 수암(遂菴)·한수재(寒水齋). 아버지는 권격(權格)이며, 동생 권상명(權尙明), 권상유(權尙游)가 있다.1660년(현종 1)진사가 되어 성균관에 들어가 공부했다. 1674년(숙종 즉위년)에는 1659년(효종 10) 효종의 승하했을 때 자의대비(慈懿大妃)의 복제에 대한 논의과정에서 송시열은 관작을 박탈당하는 일을 보고서벼슬을 단념하고 청풍의 산중에 은거했다. 1689년 기사환국 때 송시열이 사약을 받게 되자 유배지로 달려가 그의 의복과 서적 등의 유품을 가지고 돌아왔다. 송시열의 유언에 따라 괴산 화양동(華陽洞)에 만동묘(萬東廟)와 대보단(大報壇)을 세워 명나라 신종(神宗: 임진왜란 때 군대를 파견하였음)과 의종(毅宗: 나라가 망하자 자살함)을 제향하였다. 이단하(李端夏)·박세채(朴世采)·김창협 등과 교유했으며, 제자로는 한원진·이간·윤봉구(尹鳳九)·채지홍(蔡之洪)·이이근(李頤根)·현상벽(玄尙璧)·최징후(崔徵厚)·성만징(成晩徵) 등의 강문팔학사(江門八學士)가 있다. 권상명의 아들 권섭을 어릴 때부터 돌봐주기도 했다.

"제가 규방에서 자라 거칠고 경솔하여 들은 것도 없는데 이로
써 지체 높은 집안의 며느리가 되었으니 무엇으로써 어른을 섬
기겠습니까?"

라고 하였다. 이에 『소학』 『내훈』 등과 같은 책을 가져다 때때로 펼
쳐 보았다. 그리고 고금의 정절(貞節), 효행(孝行)의 언행 등을 베껴
서 규범으로 삼았다. 사장(詞章)의 글이나 이속(俚俗)의 말 같은 것
들은 하나도 눈앞에 두지 않았다. 그러나 하고 싶지 않아도 알게 된
문자가 저절로 많아졌지만 안에 숨겨두고 밖으로 내지 않아 그것을
아는 이가 적었다.

그 남편이 과거 공부를 그만두고 학문에 마음을 두니 유인이 매우
좋아하면서 말하기를

"이야말로 제가 밤낮으로 바라고 바라던 바입니다. 과연 처음
부터 끝까지 열심히 하면 성취하실 터이고 첩 또한 그 영광을
함께 할 수 있을 겁니다. 과거 공부의 명예가 비록 부모님을 기
쁘게 할 수는 있을지라도 곧 이는 눈앞의 광휘일 뿐입니다. 옛날
사람들이 말한 '몸을 세워 빛을 드날리고 부모님을 드러내는 일'
이 꼭 그것 한가지에만 있겠습니까?"

라고 했다.

그 남편이 혹 다리를 뻗고 앉으며 게으름을 피우면 반드시 완곡한
말로 경계했고 반복하기를 그만두지 않았다. 평상시 공경하고 삼가며
상대했고 비록 편안한 때일지라도 비스듬히 앉거나 한쪽으로 기대지
않았다. 밥을 드릴 때에는 간혹 스스로 밥상을 눈썹 높이까지 올렸고

일어나면 함께 일어났고 맞이하거나 배웅할 때에는 꼭 절을 했다. 길함과 흉함을 묻는 일, 손님을 대접하여 봉양하는 일 등은 한결같이 남편의 마음에 따라서 하여 조금도 어긋남이 없었다. 혼인 자리나 잔치에 모이는 일이 대해서도 가장이 가라고 명하지 않으면 아무리 친족이라도 감히 가지 않았다. 일이 있으면 크고 작음을 막론하고 반드시 알린 이후에 행했다. 남편이 집에 없을 때에는 더욱 삼갔다.

나이 어린 시누이를 어루만지며 사랑했고 그 마음을 미루어 가문의 친족에게까지 미치게 하니 그 환심을 얻었다. 그러나 예로써 방지함을 아주 엄격하게 하여 혼자 있을 때 친정 형제들이 찾아오면 반드시 문을 열어두고 이야기를 나누거나 시중드는 여종이 곁에서 떠나지 않게 했다.[112]

(『한수재집』에 보인다.)

孺人慶州李氏, 玉所山人權燮之配, 寒水先生【名尙夏 字致道 安東人 官左議政 諡文純公】之從子婦也. 嘗謂其夫曰, 妾長於閨房, 鹵莽無聞, 以此爲高門之婦, 何以事長者. 於是取小學內訓等書, 時時披覽. 又抄古今貞孝言行以取則焉. 至於詞章之文, 俚俗之諺, 一不掛其眼. 然不欲以識文字自多, 內而不出, 人鮮有知之者.

其夫欲廢公車業, 留心學問, 則孺人喜甚曰此妾之日夜仰望者, 果能終始孜孜有成就, 妾亦與有榮焉. 科名雖曰悅親, 直是目前光輝. 古所云立揚顯親, 豈獨在彼.

其夫或箕踞放惰, 則必以婉辭戒之, 反復不置. 居常相對敬謹, 雖燕不曾欹側. 食進或自擧案, 起必俱起, 送迎必拜. 吉凶之問, 賓客之奉, 一視其夫

112) 『한수재집』 권30 〈종자부 유인 이씨 묘지명(從子婦孺人李氏墓誌銘)〉에 있다. 이 글 말미에 김창협이 쓴 발문이 있다.

之意而無少違. 婚姻讌集, 非有家長命, 雖親族不敢往. 事無大小, 必稟而行之. 其夫不在, 尤致謹焉.

撫愛少姑弑甚, 推而至於黨族, 俱得其歡心. 然禮防甚嚴, 獨居則雖其私親兄弟之來, 必闔門而與之言, 使侍婢不去側也.

(見寒水齋集)

민충문공(閔忠文公)의[113] 부인은 이씨이다.[114] 충문공이 아팠을 때 부인이 곁에서 시중들었는데 마음을 졸여가며 한결같이 했다. 뜻을 받들며 좌우에서 일을 하는데 민첩하기가 마치 나는 듯했고 정성된 마음으로 조심하는 모습이 얼굴빛과 말에 드러났다. 비록 효자가 부모를 섬긴다해도 이보다 더할 수는 없었다. 평상시 모습을 보면 풍의가 엄숙하고 단정했으며 걸음걸이가 엄중했으니 말하지 않아도 능함이 이와 같았다. 내가 지금까지 잘 알고 있었다.[115]

(『도암집』에 보인다.)

閔忠文公夫人李氏. 忠文公疾, 夫人方侍側, 小心齋遬. 承奉旨意, 左右服事, 便捷如飛, 誠意屬屬形于色辭. 雖孝子之事父母, 未或過此. 觀其平居, 風儀肅整, 步履嚴重, 不謂其能如是也. 絑至今竊識之.

(見陶菴集)

....

113) 민충문공(閔忠文公): 민진후(閔鎭厚).
114) 이씨: 이덕노(李德老) 딸.
115) 『도암집』권50 〈백구모 정경부인 연안이씨 행장(伯舅母貞敬夫人延安李氏行狀)〉에 있다.

유인 용인 이씨는[116] 진사 신명화(申命和)의[117] 부인이며 율곡 이
선생【이름은 이, 자는 숙헌, 덕수인, 벼슬은 좌찬성, 시호는 문성공,
문묘에 종사되었다.】의 외할머니이다. 어려서 『삼강행실』을 읽어 큰
뜻을 깨우쳤다. 진사가 전염병에 걸려 죽음의 경계에서 헤매일 때 이
씨는 하늘에 기도하며 손가락을 잘라 함께 죽을 것을 맹세했다. 진사
가 갑자기 꿈을 꾸었는데 신인이 나타나 병이 나을 것이라고 알려
주었다. 또 둘째딸도[118] 옆에서 시중 들고 있다가 또한 하늘에서 영
약이 내려오는 꿈을 꾸었다. 이날 짙은 구름이 끼어 매우 어두웠고
번개 크게 치고 큰 비도 왔었다. 진사의 병이 드디어 나았다. 마을
사람들이 그 정성을 기특하게 여겨 그 일을 조정에 알렸다. 중종대왕
은 정려문을 세우고 부역을 면제해주라고 명했다.[119]

(『율곡전서』에 보인다.)

....

116) 유인 용인 이씨: 아버지는 이사온(李思溫), 어머니는 최응현(崔應賢) 딸. 아버
지가 가족을 이끌고 임영(지금의 강릉)으로 이사왔고 결혼 후 시댁인 서울에
가 시부모를 모시며 살았다. 친정 어머니 최씨가 아팠을 때 강릉으로 내려와
시중 들었고 이를 계기로 부부가 16년동안 각각 따로 살면서 자신들의 부모를
모시기도 했다.

117) 신명화(申命和): 1476년~1522년(성종 7~중종 17). 자는 계흠(季欽), 호는 송
정(松亭). 조부는 신자승(申自繩), 아버지는 신숙권(申叔權). 이사온(李思溫)
딸과 결혼하여 딸 다섯을 두었다. 딸들은 장인우(張仁友), 이원수(李元秀), 홍
호(洪浩), 권화(權和) 이주남(李冑男)과 결혼했다. 중종년간 기묘명현의 한
사람이다.

118) 둘째딸이 곧 신사임당이다.

119) 『율곡전서』권18 〈외조비 이씨 묘지명(外祖妣李氏墓誌銘)〉에 있다. 또 이이
가 쓴 〈이씨 감천기(李氏感天記)〉에는 좀더 구체적으로 서술하였다.

孺人龍仁李氏, 進士申命和之配, 栗谷李先生【名珥 字叔獻 德水人 官左贊成 諡文成公 從祀文廟】之外祖母也. 幼讀三綱行實, 能曉大義. 進士遘癘疾濱死, 李氏禱天斷指. 誓以俱死. 進士忽夢神人報以當瘳. 次女侍側, 亦夢天降靈藥. 是日陰雲晦暝, 雷雨大作. 進士疾遂瘳. 鄉人異其誠, 事聞于朝, 中宗大王, 命旌門復戶.

(見栗谷全書).

　　문암(文菴) 이의철의 어머니는 성씨이다.[120] 좌랑공이[121] 죽었을 때 숙인은 묘 아래에서 삼년 상을 지켰다. 볏집 자리에 몸을 뉘였고 밤낮으로 머리띠와 허리띠를 풀지 않았고 흘러내린 눈물은 땅에 떨어졌다. 몇 년이 지나도 덜해지지 않았다. 집에는 벽을 바르지 않았고 더운 달에는 습하고 벌레와 벼룩이 방 안 가득하여 밤새도록 잠을 못 잤지만 한번도 손톱으로 긁지 않았다. 그리고 시중드는 사람에게도 함부로 이를 죽이지 말라고 타일렀다. 그리고 말하기를

　　"나는 미망인이다. 감히 편안하기를 구하겠는가?"

라고 했다. 많은 개미무리들이 밤낮으로 서로 물었대자 그것을 등지고 문 밖으로 나오니 벼룩이 드디어 없어졌다.

　　병이 심해졌을 때 약을 먹지 않으면서 번민이 있으면 물을 가져다 마시면서 여러 해를 지냈다. 그러다 갑자기 좌랑공이 약을 탄 장을

....

120) 성씨(成氏): 1680년~1732년(숙종 6~영조 8). 성집(成鏶) 딸. 이세운과 결혼.
121) 좌랑공: 남편 이세운. 1713년(숙종 39)년에 죽었다.

주는 꿈을 꾸었는데 곧 병이 나았다. 사람들이 정성에 감동한 것이라고 말하였다.[122]

(『도암집』에 보인다.)

文菴李公宜哲之母夫人成氏. 佐郎公旣卒, 淑人守制於墓下. 委身薦藁,
晝夜不脫経帶. 涕淚著地, 經年不滅. 屋不塗墍, 暑月溽濕, 蟲蚤滿室, 終夜
不寢而不一爬搔. 戒侍者毋得妄殺一蚤. 我未亡人, 其敢求逸. 旣而羣蟻日
夜相銜, 負出戶外, 蚤遂絶. 其疾甚, 未嘗服藥, 煩悶引水飮且數年. 忽夢公
遺以藥漿卽已, 人謂精誠之感.

(見陶菴集)

정부인 청송 심씨는[123] 헌간공 김시걸(金時傑)의[124] 부인이다. 남편이 죽었을 때 콩과 물 같은 변변찮은 음식을 먹고 거적에 앉고 흙덩이를 베고[125] 잤으며 상복을 벗지 않았다. 비록 병이 심해졌어도

....

122) 『도암집』권45 〈숙인 창녕성씨 묘지(淑人昌寧成氏墓誌)〉에 있다.
123) 정부인 청송 심씨: 1653년~1711년(효종 4~숙종 37). 증조부는 성대형(成大
亨), 조부는 성(成演), 아버지는 성서견(成瑞肩), 어머니는 황수(黃瀡) 딸이
다. 19세에 김시걸과 결혼하여 슬하에 2남 4녀를 두었다. 아들 김영행(金令行
司) 김정행(金正行)이 있으며 딸들은 조경명(趙景命), 박필언(朴弼彦), 조명
우(趙明遇), 맹숙서(孟淑舒) 등과 결혼했다. 김창흡이 묘지명을 쓸 당시에는
숙부인(淑夫人)이었고 후에 정부인(貞夫人)에 추증되었다.
124) 김시걸(金時傑): 1653년~1701년(효종 4~숙종 27). 본관은 안동(安東). 자는
사흥(士興), 호는 난곡(蘭谷). 증조부는 김광현(金光炫), 조부는 김수인(金壽
仁)이고, 아버지는 김성우(金盛遇)이며, 어머니는 윤형성(尹衡聖)의 딸이다.
1688년 검열이 되었으나 1689년 기사환국으로 파직되었다가 1699년에 승지에
이어 전라도관찰사가 되었다. 시호는 헌간(獻簡)이다.

반드시 제사에 참여했다. 자녀들이 그만두시라고 청하면 눈물을 흘리며 대답하기를

　　"삼 년이 얼마나 되느냐? 그러니 한 순간이라도 숨이 남아 있
　　는데 어찌 차마 병을 일컫겠느냐?"

라고 했다. 비록 아침 저녁의 곡 또한 빠뜨린 적이 없었고 눈물이 말라 피가 나올 지경이었다. 삼 년이 지난 후에도 풀자리에 앉고 누웠으며 가벼운 옷을 몸에 가까이 하지 않았고 맛난 음식을 입에 대지 않았다. 제철에 나는 과실을 보면 눈물 지으며

　　"내가 아직도 죽지 않고 이 과실을 보는구나."

라고 말했고 과실이 시고 단 것을 막론하고 모두 물리치고 먹지 않았다. 무릇 십일 년 동안 하루같이 이렇게 했다.[126)]
　(『모주집』에[127)] 보인다.)

....

125) 흙덩이를 베고 [苫塊] : 침점침괴(寢苫枕塊). 거적으로 자리를 삼고 흙덩이로 베개를 삼는 것으로 상(喪)을 치르는 예를 가리킨다.

126) 심씨에 대한 기록은 아들인 김영행(金令行)의 『필운문고(弼雲文稿)』〈선비가장(先妣家狀)〉에도 있다. 김창흡『삼연집』권27〈숙부인 청송심씨 묘지명(淑夫人靑松沈氏墓誌銘)〉이 있다.

127) 모주집(茅洲集): 김시보(金時保)의 시문집. 1790년(정조 14) 손자 김이복(金履復)이 편집, 간행하였다. 권두에 이민보(李敏輔)의 서문, 권말에 김이복의 발문이 있다. 김시보(金時保, 1658~1734)는 자는 사경, 호는 모주(茅洲)이다. 기사환국 때 인현왕후가 폐비되고 서인들이 실각하자, 홍주 봉수산(鳳首山) 아래로 거처를 옮겼다. 이후에 청송 부사(靑松府使)를 지냈다.

貞夫人靑松沈氏, 金獻簡公時傑之配也. 旣娶菽水苫塊, 不脫衰麻. 雖疾
甚而必與祭奠. 子女或請止則涕而答曰, 三年幾何而一息未泯, 何忍言病
耶. 雖朝夕哭亦未嘗闕, 至眼枯血出. 三年後, 猶坐臥草薦, 輕肥不近口體.
見時果則泫然曰, 吾尙不死, 而見此果耶. 果無辛甘幷却之. 凡十一年如一
日也.

(見茅州集)

정부인 광주 김씨는[128] 충민공 윤각(尹慤)의[129] 부인이다. 신축
년[130] 공이 형구에 시달림이 혹독하고 지독하여 갑진년【경종대왕 4
년】 정월에 병들어 죽었는데 나이 60이었다. 화가 일어났을 때 방 밖
으로 나가지 않고 삼 년 동안 옷도 갈아 입지 않았다. 밤에는 이슬을
맞으며 서서 하늘에 기도했다. 상이 나던 날 밤새 슬퍼하면서 울부짖

....

128) 정부인 광주 김씨: 아버지는 김명뢰(金命賚).
129) 윤각(尹慤): 1665년~1724년(현종 6~경종 4). 본관은 함안(咸安). 자는 여성
    (汝誠). 조부는 윤욱(尹栯), 아버지는 윤익상(尹翊商), 어머니는 임질(任耋)
    딸이다. 1699년(숙종 25) 무과에 급제하여 선전관이 되었는데 숙종이 그의 풍
    채를 보고 탁용(擢用)했다. 1710년 해적들의 침탈이 심해졌을 때 이이명(李頤
    命)이 추천하여 1711년 금위중군(禁衛中軍)으로서 공을 세웠다. 1712년에 함
    경남도 병마절도사가 되어 청나라 사신과 함께 백두산의 경계를 살펴본 다음,
    백두산 남쪽 산천의 형태를 그려 올렸다. 1721년 신축옥사에 연루되어 삼화
    (삼화·평안남도 용강), 제주 등으로 유배되었다가 1724년 의금부에 투옥, 장살
    (杖殺)되었다. 평소 이세백(李世白)이 중하게 여겼다. 영조 즉위 후 신원되었
    고 병조판서에 추증되었으며 시호는 충민(忠愍)이다. 첫 부인은 이행성(李行
    成) 딸, 김명뢰 딸과 재혼했다.
130) 박상검(朴尙儉)의 탄핵을 받아 삼화부(三和府)로 귀양갔다가 목호룡의 고변
    사건과 관련되어 다시 체포되어 혹독한 고문을 당했다.

었고 몸이 극에 달할 정도로 상하여 마침내 병이 되었다. 살던 집 처마 밖에 제비집이 있었는데 제비가 새끼를 낳았는데 모두 하얬다. 공이 죽고 난 후 일 년 지났을 때에 죽었다. 일이 조정에까지 알려져 그 절행에 대한 정려를 받았다.[131]

(『도암집』에 보인다.)

貞夫人光州金氏, 尹忠愍公愨之配也. 辛丑, 公被逮桁楊酷烈, 以甲辰【景宗大王四年】正月, 瘦死, 年六十. 禍起不出房闥, 三年不易衣. 夜則露立禱天. 及喪日夜悲號, 毀極而疾. 所居簷外巢鷰, 生子皆白. 後公一歲卒, 事聞旌其節行.

(見陶菴集)

숙부인 송씨는[132] 충렬공 심현(沈誢)의[133] 부인이다. 숭정(崇禎)

....

131) 『도암집』권29 〈참판 윤공 신도비(參判尹公神道碑)〉에 있다. 이 이야기는 박필주(朴弼周)의 『여호집『黎湖集』권26 〈병조참판 윤공 묘지명(兵曹參判尹公墓誌銘)〉에도 간략하게 서술되어 있다.

132) 숙부인 송씨: ?~1637년(?~인조 15). 증조부는 송질(宋軼), 아버지는 송녕(宋寧), 어머니는 신영(申瑛) 딸이다. 어려서 『이륜행실』 읽기를 좋아하여 언해해서 보기도 했다. 평소 친척들의 잔치에 가지 않았고 남편이 아팠을 때 밤새워가며 간호하여 살려냈는데 이 때 시아버지가 '훗날 절부(節婦)'가 될 것이라고 말했다. 딸 둘을 낳았는데 홍헌(洪憲), 박항(朴烜)과 결혼했다.

133) 심현(沈誢): 1568년~1637년(선조 1~인조 15).본관은 청송(靑松). 자는 사화(士和). 아버지는 심우정(沈友正), 어머니는 안여경(安汝敬) 딸이다. 1636년(인조 14) 병자호란이 일어났을 때 강화도로 피난하였다.1637년에 강화도가 함락되자 가묘의 위패를 땅에 묻고, 국난의 비운을 통탄하는 유소(遺疏)를 쓰고 부인 송씨와 함께 진강(鎭江)에서 스스로 목매어 죽었다. 죽을 때 외손자

【명나라 의종황제의 연호】9년 청나라 병사들이 이르렀을 때 심현이 부인에게 말하기를

"우리 집안은 대대로 나라의 은혜를 받았으니 나라가 위기에 처했을 때 의리상 구차하게 면하려고 해서는 안 될 것이오."

라고 하니 송씨가

"공께서 나라를 위해 능히 죽을 수 있다면 비록 부인네일지라 도 어찌 능히 공을 위해 죽지 않겠습니까?"

하였다.

얼마 지나지 않아 청나라 병사들이 남한산성을 에워쌌다. 심현은 바다를 건너 강화도로 들어갔다. 다음 해 정월 청의 병사들이 바다를 건너 갑곶진에 이르렀다. 심현은 진강(鎭江)의 집에 있었는데 조카 심동구(沈東龜)가[134] 공의 옷소매를 잡아 끌고 울면서 피하라고 했

....

박장원(朴長遠)에게 유소를 임금에게 바칠 것을 부탁하였다. 후에 이조판서에 추증되었다. 시호는 충렬(忠烈)이다.

134) 심동구(沈東龜): 1594년~1660년(선조 27~현종 1). 본관은 청송(靑松). 자는 문징(文徵), 호는 청봉(晴峰). 증조부는 심자(沈磁), 조부는 심우정(沈友正)이 고, 아버지는 심집(沈諿)이며, 어머니는 홍종록(洪宗綠)의 딸이다. 1615년(광해 군 7) 진사가 되고, 1624년(인조 2) 증광문과에 병과로 급제. 인조 초 남이공 (南以恭)이 김상헌(金尙憲)을 탄핵하려 하자, 남이공의 부당함을 상소하고 사 직하고 고향으로 돌아갔다. 심기원(沈器遠)의 모역옥사에 친척으로 연루, 장 흥에 유배되어 십여 년간 살다가 효종 초에 석방, 현종 때 신원되었다. 저서 『청봉집』이 있다.

다. 심현이 정색을 하고

"내가 마땅히 조정과 사직을 위해 죽어야하는데 어찌 가히 피
하겠느냐?"

라고 했고 송씨도

"내가 충신의 아내가 되면 가히 여한이 없을 것입니다."

라고 했다. 송씨가 세수하고 빗질한 다음 상자에 넣어 두었던 옷으로
갈아 입고 손수 띠를 매고서 시비에게 말하기를

"일이 급박하여 목욕까지 하기는 어려운 것이 한스럽구나."

라고 했다. 그리고는 스스로 목 매어 죽었다. 심현이 염을 마친 다음
자신도 목을 매달아 죽었다.[135]
(『강한집』【강한은 황공 경원의 호이다.】〈배신전〉에 보인다.)

淑夫人宋氏, 沈忠烈公說之配也. 崇禎【大明毅宗皇帝年號】九年, 淸兵
至, 說與夫人言, 吾家世受國家恩, 義不可臨危苟免. 宋氏曰, 公爲國家能
死之, 吾雖夫人, 豈不能爲公死乎. 已而, 淸兵圍南漢. 說浮海入江華. 明年

....

135) 『강한집』권28 〈배신전(陪臣傳-심현)에 있다. 또한 이단하의 『외재집』권10
〈돈녕부도정 증이조판서심공 시장(敦寧府都正贈吏曹判書沈公諡狀)〉와 신
익성의 『낙전당집』권12 〈돈녕도정 심공 및 숙부인 송씨 합장 묘갈명(敦寧都
正沈公暨淑夫人宋氏合葬墓碣銘)〉에도 있다.

正月, 淸兵朝渡甲串津. 說方在鎭江閭舍, 從子東龜, 牽公袖, 涕泣請避, 說
正色曰, 吾當爲廟社死耳, 其可避乎. 宋氏曰, 吾得爲忠臣之妻, 可以無遺
恨矣. 宋氏具盥櫛, 出篋中所藏衣裳而著之, 手自結襪, 謂侍婢曰, 事急矣,
不及沐浴, 爲可恨也. 遂自刎死. 說斂訖, 因自縊死.

(見 江漢集【黃公景源號】陪臣傳)

　유인 여산 송씨는[136] 죽천 문강공(文康公) 박광전(朴光前)의[137]
후손인 박중홍(朴重洪)의[138] 계배이다. 처음에 중홍이 촌민인 최재
신(崔在臣)이 사대부를 꾸짖고 욕보이는 것을 보고 최재신의 손을 묶
고서 경고하고 타일렀다.[139] 그 후 한 달이 넘어갈 무렵 최재신이 한

....

136) 유인 여산 송씨: 1819년~1846년(순조 19~헌종 12). 아버지는 송진순(宋鎭諄),
　　어머니는 김창온(金昌溫) 딸. 20세에 박중홍과 결혼했다. 임헌회의 『고산집』
　　권4 〈晩悔朴公墓表〉에서는 송진돈(宋鎭惇) 딸이라고 기록하였고, 홍직필은
　　송진순(宋鎭諄) 딸이라고 하였다.

137) 박광전(朴光前): 1526년~1597년(중종 21~선조 30). 본관은 진원(珍原). 자는
　　현재(顯哉), 호는 죽천(竹川). 조부는 박간(朴衎)이고, 아버지는 박이의(朴而
　　誼)이며, 어머니는 최명기(崔命夔)의 딸이다. 이황(李滉)의 문인. 1568년 진
　　사시에 합격. 유희춘(柳希春)이 천거하여 경기전참봉이 되었다. 1581년 왕자
　　의 사부(師傅)가 되었고, 1592년 임진왜란 때 보성에서 의병을 일으켜 임계영
　　(任啓英)을 의병장으로 추대, 안방준(安邦俊)을 종사(從事)로 삼았다. 정유재
　　란 때 의병을 일으켜 동복에서 이겼다. 후에 좌승지에 추증되었고 시호는 문강
　　(文康)이다.

138) 박중홍(朴重洪): 1802년~1879년(순조 2~고종 7). 자는 중범(仲範),호는 만회
　　(晩悔). 아버지는 박재환(朴在煥), 어머니는 김필감(金必鑑) 딸. 홍직필 문인.
　　병인양요 때에 의병을 모으고자 했었다. 세 번 결혼했는데 임상정(林定相) 딸,
　　송진돈(宋鎭惇) 딸, 김상범(金相範) 딸 등이 그의 부인이었다.

139) 당시 최재신 형제가 군의 서리였다가 물러났고 박중홍이 살던 곳의 방임(坊

질(寒疾)로 죽었다. 그 친속들이 시신을 살아 있는 것처럼 꾸미고 최재신이 죽은 것을 박중홍에 전가하려는 계획을 내어 적당들을 불러 모아 밤을 틈타 담을 부수고 내실로 쳐들어 갔다. 중홍이 먼저 흉적들에게 맞아 머리가 깨져 피가 철철 흘렀다. 유인이 죽음을 무릅쓰고 막아서며 보호하면서 사면으로부터 적에게 맞아 팔이 부러지고 다리도 부러져 피가 온몸에 흘러내렸다. 마침내 남편을 칼끝으로부터 벗어나게 하고 나서 남편에게 말하기를

"사족의 부녀가 흉악한 놈들에게 구타당했으니 의리상 마땅히 죽어야 합니다. 그러나 당신은 몸을 신중하게 잘 보호하십시오. 어찌 아녀자 같은 보잘 것 없는 절개를 본받을 수 있습니까? 꾹 참고 몸을 잘 보중하시어 이 분함을 풀어주세요."

라고 말했다. 그리고 적당들이 내실의 침실로 돌입하여 흉인의 시체를 버려두는 것을 보고서 울부짖으며 말하기를

"조용히 죽고자 하는 의리를 이미 마음으로 결정하였다."

라고 하면서 사당 문 앞에서 스스로 목숨을 끊었다.
온 고을의 선비들이 관아에 호소했는데 감영과 읍에서 자세하게 조사했고 흉적들이 자복하였다. 몇 달 이후에 유인을 비로소 염하였

....

任)이 되어 백성들을 괴롭게 하였다. 박중홍이 이에 대해 경고했고 최재신 형제가 이에 대해 원한을 갖고 있었다. 마침 최재신이 죽자 그 죽음의 책임을 박중홍에게 전가하려고 일을 꾸민 것이었다.

는데 그 사이 파리나 진딧물같은 벌레들이 가까이 하지 않았고 구더기도 나오지 않았다. 얼굴은 밝아 마치 살아있는 듯했고 단단하기는 철석 같았으니 원한 서린 기운이 맺혀 있었던 것이다.

유인의 전처 자식인 의현(懿鉉)이[140] 『춘추』에 '복수하지 않으면 장사지냈다고 쓰지 않는다.'는[141] 뜻대로 밤낮에 걸쳐 피눈물을 흘렸고, 발이 부르텄지만 백 사(百舍)의 거리를 걸어서 억울함을 호소했는데 왕이 거둥할 때 나아가 아뢴 것이 두 번이나 되었다.[142] 대사구 김기만(金箕晩)이 흉적들을 사형한다는 죄율로 판결했고 유인에게 정려를 내려주기를 청했다.

바야흐로 무고당한 내용이 아직 검토되지 않았고 흉적들이 쓴 몽둥이들이 아직 거두어들여지지 않았을 때 유인이 먼저 시기를 경고하는 꿈에 나타났었으니 이런 일이 세 번이나 있었다. 진실로 지성이 미치지 않았다면 어찌 능히 부합하기가 신과 같았으랴.[143]

(『매산집』에 보인다.)

....

140) 박의현(朴懿鉉): 박중홍과 심정상 딸 사이에서 태어난 아들. 계모 송씨를 위한 복수에 열심이어서 효자로 칭송 받았다.

141) 『춘추공양전』 은공(隱公) 11년 기사에 나온 내용. '임금이 시해를 당했을 때 그 원수를 토벌하지 못했으면 장례에 대한 기사를 쓰지 않는다.〔君弑, 賊不討, 不書葬.〕'라고 하였다.

142) 임헌회의 『고산집』권4 〈만회 박공 묘표(晚悔朴公墓表)〉에 의하면 그가 직접 아들을 데리고 여러 번 청원하여 복수하고 정려를 받은 뒤에 그만두었다고 하였다.

143) 『매산집』권43 〈열부 송씨 묘지명(烈婦宋氏墓誌銘)〉에 있다. 이 일에 대해 기정진의 『노사집』권21 〈열부 송씨 정려기(烈婦宋氏旌閭記)〉도 있다.

孺人礪山宋氏, 竹川朴文康公光前, 後孫重洪之繼配也. 始重洪憤村民崔在臣詬辱士夫, 縛其手警飭. 踰月在臣得寒疾死. 其親屬生舁尸, 嫁禍之計, 嘯聚賊黨, 乘夜撞破內室. 重洪先被凶鋒, 頭碎血淋漓. 孺人冒死捍衛, 四面受敵, 臂折脅拉, 流血遍體. 竟脫夫子於劍鋩, 顧謂夫子曰, 士族婦女, 被毆凶漢, 義當捨生. 而丈夫慎重之身. 豈可效兒女子溝瀆之諒乎. 隱忍保重, 終雪此憤. 又見羣賊突入內寢, 置凶人尸體, 號泣曰從容之義, 已決於心. 仍自裁於廟門.

一鄕章甫訴于官, 營邑盤覈, 凶賊輸款. 數月而後。, 人始殯殮, 蠅蚋不近, 虫蛆不出. 顏貌皎然如生, 堅如鐵石, 冤氣之所蟠結也.

孺人前室子懿鉉, 援春秋不復讎則不書葬之義, 晝夜泣血, 百舍重繭, 籲冤躐路者至于再斯. 大司冠金公箕晩, 勘凶賊以償命之律. 請孺人旌閭.

方其誣案未勘, 猘鋒未斂, 孺人先期警夢, 若是者三. 苟非至誠乎格, 曷能符合如神哉.

(見梅山集)

유인 경주 김씨는[144] 포은(圃隱) 정선생【이름은 주몽, 자는 달가, 본관은 연일, 고려 때 시중, 본조의 시호는 문충공, 문묘에 배향되었다.】의 후손 정진(鄭鎭)의 부인이며 김언호(金彦豪)는 유인의 배다른 동생이다.

유인이 다섯 살 때 어머니를 잃고 계모를 잘 섬겼다. 어머니가 여공을 가르쳤는데 매번 재주가 기특하다고 칭찬했다. 어머니 제삿날이 되면 계모는 유인이 곡읍하는 슬픈 모습을 보았는데 그 때마다 언호를 안고서 말하기를

....

144) 유인 경주 김씨:1677년~1700년(숙종 3~숙종 26). 아버지는 김재한(金載漢), 어머니는 이중기(李重耆) 딸이다.

"자식이 되어 정성과 효성은 마땅히 이와 같아야 한다. 너도
네 누나처럼 그랬으면 좋겠구나."

라고 했다.

　비녀 꽂을 나이에 계모가 또 세상을 뜨니 유인이 애달파하고 슬퍼
하는 모습이 모두 지극한 정성에서 나왔으므로 보는 사람들 모두 찬
탄했다. 언호의 나이 7,8살 즈음 완고하고 어리석어 아는 것이 없었
는데 아버지는 오랫동안 부모님 모시느라 집안이 좀 기울어졌으므로
검속한 겨를조차 없었다. 유인이 눈물을 흘리며 말하기를

　　"어머니가 너를 사랑해서 밖으로 나가지도 못하게 하면서 책
　　읽기를 권했었다. 그런데 지금 너는 어머니의 가르침을 잊고 정
　　신없이 네 마음대로 놀기를 날로 심하게 하는구나. 어머니께서
　　아신다면 어떻게 하겠느냐?"

고 했다. 언호가 눈물을 흘리고 뉘우치며

　　"이제부터 오로지 누님 말씀만 따르겠어요."

라고 했다. 이후부터 아버지께서 나오시면 문득 책을 옆에 끼고 나아
왔다. 유인이 기뻐하며 바늘상자 위에 책을 펼쳐 놓고 그 읽은 횟수
를 세었으며 글의 뜻을 자주 묻곤 했다. 또 단정하게 자리 오른쪽에
앉아 있게 했고 혹 과실이 있으면 경계했다. 순순히 타이르기도 했으
니 부모를 사랑하고 어른을 공경하며 독서하고 몸을 단속하는 방법
등에 관한 내용이 아닌 것이 없었다.[145]

(『도암집』에 보인다.)

孺人慶州金氏, 圃隱鄭先生【名夢周 字達可 延日人 古麗侍中 本朝諡文忠公 從祀文廟】後孫鎭之配也, 金彦豪 孺人異母弟也.

孺人五歲失母, 善事繼母. 母敎以女紅, 每稱奇才. 遇母諱辰, 繼母見孺人哭泣之戚, 抱彦豪而敎之曰爲子誠孝當如是, 願汝之類汝姊.

及笄繼母又捐世, 孺人哀戚出於至誠, 見者嗟歎. 彦豪年七八歲, 頑愚無識, 家大人長在親側, 家稍左, 未暇檢束. 孺人涕泣而語之曰, 慈氏愛汝, 使不出外, 勸之以讀書. 汝罔念慈訓, 狂恣日甚, 慈氏有知, 以爲如何也. 彦豪泣謝曰, 自今惟姊言是承. 是後家大人之出, 挾冊以進. 孺人欣然開卷於鍼箱之上, 執箠課讀, 頻問文義. 且使端坐座右, 警其過失, 亹亹訓誨, 無非愛親敬長讀書敕躬之方.

(見陶菴集)

이문충공【백사공(白沙公)이다.】[146]의 어머니는 최씨이다.[147] 그 동생은 최안음(崔安陰)인데[148] 부인과 서로 같이 자라 형제 가운데 가장 친밀한 사이였다. 어른이 되어서 각각 그 집이 한 이웃에 있어 아침저녁으로 방문했다. 매번 만날 때마다 반드시 시비가 곁에 있게

---

145) 『도암집』권45 〈유인 경주 김씨 묘지(孺人慶州金氏墓誌)〉에 있다.

146) 이문충공: 백사 이항복을 가리킨다.

147) 최씨: 최륜(崔崙) 딸. 이항복의 어머니.

148) 최안음(崔安陰): 최정수(崔廷秀). 이 일화는 최립의 『간이집』권2 〈의정부 우참찬 증영의정 이공 신도비(議政府右參贊贈領議政李公神道碑銘)〉에도 있는데, 최정수가 오빠라고 서술되어 있다. 『백사집』에는 '외삼촌 최안음은 부인과 같이 자라 형제 중 가장 친했다.(外叔崔安陰公, 與夫人少相長, 於兄弟中㝡親.)'라고 표현했다.

하여 혼자 있는 곳에서 상대한 적이 없도록 하였다. 그리고 말하기를

"내 나이 이미 많고 동생 또한 늙었다. 친한 이를 친하게 하는
도는 진실로 이와 같이 하지 않아도 되지만 습성에 젖어 저절로
그렇게 하게 된다. 너무 친하여 예의 없이 하는 것보다 차라리
좀 지나치더라도 장중한 게 더 낫다."

라고 했다.149)

(『백사집』에 보인다.)

> 李文忠公【白沙】, 母夫人崔氏. 其弟崔安陰, 與夫人少相長, 於兄弟中宬
> 親. 及長, 家在一隣, 朝夕來訪. 每相見, 必使侍婢在側, 未嘗於獨處相對曰,
> 吾年已老, 娚亦老矣. 親親之道, 固不當如是, 習性所拘, 自不得不爾. 與其
> 流於褻狎, 寧過自莊重.
>
> (見白沙集)

정경부인 반남 박씨는150) 몽와(夢窩) 충헌공 김창집(金昌集)의151)

....

149) 『백사집』 별집4 〈잡기-선부인규범〉
150) 정경부인 반남 박씨: 1646년~1716년(인조 24~숙종 42). 아버지는 박세남(朴世
楠), 어머니는 이행진(李行進) 딸이다. 16세에 김창집과 결혼했다. 기억력이
매우 좋았고 편지도 잘 썼으며 결단력 있게 일을 처리하여 여걸이란 말을 들었
다고 한다.
151) 김창집(金昌集): 1648년~1722년(인조 26~경종 2). 본관은 안동(安東). 자는 여
성(汝成), 호는 몽와(夢窩). 증조부는 김상헌(金尙憲), 조부는 김광찬(金光燦),
아버지는 영의정 김수항(金壽恒)이며, 어머니는 나성두(羅星斗)의 딸이다. 김

부인이다. 마음이 넓고 두루 사랑하여 한정함이 없었다. 동서들과 함께 잘 융화하여 일을 처리하여 지체된 적이 없었다. 항상 그들을 위해 실수를 덮어 보호하였다. 여섯 성씨가 모여 살다보니 집에 빈 공간이 없었고 그 시고 짜고 느리고 급한 것 등 각각의 기미가 모두 같지 않았다. 그러나 하나같이 모두 다 품고 안아 대개 서로 잘 맞지 않음이 없었다. 안팎의 친족에 이르러서도 마음을 기울여 환심을 다하지 않은 적도 없었으니 외물과 자신 사이에 사이나 틈조차 없었던 것이다.[152]

(『삼연집』에 보인다.)

貞敬夫人潘南朴氏, 夢窩金忠獻公昌集之配也. 心有大度泛愛, 無畛域. 與娣姒通融做事, 見有未逮. 常爲之掩失護. 六姓之聚, 室無空虛, 其酸鹹緩急, 氣味不齊. 而一皆包納, 泯然無底蓋齟齬. 以及內外親黨, 莫不輸心竭懽, 無復物我間隔.

창협(金昌協)·김창흡(金昌翕)의 형이다. 노론 4대신의 한 사람이다. 1672년(현종 13) 진사시에 합격. 1689년 기사환국 때 아버지가 김수항이 유배지인 진도에서 사사되자, 영평(永平)의 산중에 은거하였다.1712년에 사은사로 청나라에 갔다가 이듬해 귀국, 1717년 영의정에 올랐다. 노론 대신으로서 숙종 말년 세자의 대리청정을 주장하다가 소론의 탄핵을 받았다. 경종 즉위 후 이이명(李頤命), 조태채(趙泰采), 이건명(李健命) 등과 함께 연잉군(延礽君: 뒤에 영조)을 왕세자로 책봉하기를 주장했다. 또한 연잉군의 대리청정을 건의했다가 소론의 반격을 받았고, 연이어 김일경(金一鏡)·목호룡(睦虎龍) 등의 고변 사건 즉 노론의 자제들이 경종을 시해하려고 음모했다고 하여 이 일로 거제도에 위리안치되었다가 1722년(경종 2)성주에서 사사되었다. 저서로『국조자경편(國朝自警編)』·『몽와집(夢窩集)』 등이 있으며 시호는 충헌(忠獻)이다.
152)『삼연집』권28 〈백수 정경부인 박씨 묘지명(伯嫂貞敬夫人朴氏墓誌銘)〉에 있다.

(見三淵集)

민충문공153) 부인은154) 충문공의 여동생이 낫지 못할 병이 있을 때 매우 가련하게 생각하였다. 충문공의 여동생은 병이 위독해지면 여러 차례 자리를 옮겼고 그 때마다 부인이 따라가서 도와주고 간호했다. 몇 개월이 지나 그 여동생이 죽자 부인이 친히 머리 빗겨주고 씻어 주었다. 그때 부인은 마침 임신을 했었다. 세상에서는 상(喪)에 참여하는 것을 큰 흉사로 여기지만 부인은 그런 것을 염두에 두지 않았다.155)

(『도암집』에 보인다.)

閔忠文公夫人, 忠文公庶妹有奇疾, 夫人甚憐之. 疾篤屢遷次, 而輒隨往扶護. 累月而死, 夫人親爲之櫛浴. 時夫人方有身. 世俗以臨喪爲大凶, 而亦不之顧也.

(見陶菴集)

유인 진주 강씨(姜氏)는156) 사인 윤광연(尹光演)의157) 부인이다.

....

153) 민진후(閔鎭厚)를 가리킴.
154) 이덕로(李德老) 딸이다.
155) 『도암집』권50 〈백구모 정경부인 연안 이씨 행장(伯舅母貞敬夫人延安李氏行狀)〉에 있다.
156) 유인 진주 강씨(姜氏): 1772년~1832년(영조 48~순조 32). 본관은 진주, 호는 정일당(精一堂). 아버지는 강재수(姜在洙), 어머니는 권서응(權瑞應) 딸로 옥

명직(明直)이[158] 손님 접대하는 것을 좋아하여 집에는 신이 항상 가득했다. 유인은 마음을 다해 이바지하여 손님들을 즐겁게 했다. 사람들이 능숙하고 칭찬하면 유인은

"이것은 부녀자의 도리 중 가장 쉬운 것입니다. 그러니 오히려 하지 못한다면 어찌 부인이라고 할 수 있습니까?"

라고 했다.[159]
(『매산집』에 보인다.)

孺人晉州姜氏, 士人尹光演之配也. 明直好賓客, 戶屨常滿. 孺人極意供歡. 人詡其能, 孺人曰是婦道之疎節, 而猶不能, 則焉用婦人爲哉.
(見梅山集)

유인 전의 이씨는[160] 우록헌(友鹿軒) 처사 이회장(李晦章)의[161]

소 권섭의 증손녀이다. 20세에 윤광연과 결혼했는데 유질(乳疾)이 있어 자식을 키우지 못했다. 시문에 뛰어나 그녀가 죽은 후 남편이 남겨진 시문을 모아 『정일당집(精一堂集)』 엮었으며 1834년과 1835년에 각각 윤제홍(尹濟弘)의 서문(1834년), 윤수경(尹守慶)의 발문(1835년), 1836년에 스승 송치규(宋穉圭)의 서후(1836년)을 받아 목판으로 간행했다.

157) 윤광연(尹光演): 호는 탄원(坦園).
158) 명직(明直): 윤광연의 자(字)
159) 『매산집』권43 〈유인 진주 강씨 묘지명(孺人晉州姜氏墓誌銘)〉에 있다.
160) 유인 전의 이씨: 아버지는 이의집(李義集)
161) 이회장(李晦章): 평소 사정(邪正)을 구분하는 데에 철저하여 소동파가 정이천

부인이며 화서(華西) 이선생【이름은 항로, 자는 이술, 관직은 참판이다.】의[162] 어머니이다. 우록헌이 일찍이 부인과 약속하기를

"밥 짓는 횟수를 세지 말고 이미 지은 밥을 가지고 손님을 대접하지 맙시다."

라고 했다. 그래서 하루 저녁에 아홉 번 밥을 지었는데 그 후에 손님이 또 왔다. 우록헌이 규문 밖에서 배회하니 부인이

"손님들이 집 안 가득한데 어찌 응접하지 않나요?"

우록헌이 말하기를

"손님이 또 왔습니다. 혹 이미 지어 놓은 밥은 없는지요."

하고 물었다. 부인이

"어찌 약속을 어기려고 하시나요?"

....

을 간악하다고 한 글을 보고 자식들에게 소동파 글을 읽지 못하게 할 정도였다.
162) 이항로(李恒老): 1792년~1868년(정조 16~고종 5). 본관은 벽진(碧珍). 초명은 광로(光老). 자는 이술(而述), 호는 화서(華西). 아버지는 이회장(李晦章)이며, 어머니는 이의집(李義集)의 딸이다. 임로(任魯) 및 이우신(李友信)과 학우 관계를 맺고 최익현(崔益鉉)·김평묵(金平默)·유중교(柳重教) 등이 문하에서 수학하였고 그들의 사상에 영향을 받아 위정척사를 주장하였다. 호남의 기정진(奇正鎭), 영남의 이진상(李震相)과 함께 조선조 말기 주리철학의 3대가로 불린다. 『화서집』·『화동사합편강목(華東史合編綱目)』 등의 저서가 있다.

라고 하면서 마침내 빨리 밥을 지어 응접했다. 세간에서는 '열 번 저녁밥 지은 집'이라고 전한다고 한다.163)

(『화서집』에 보인다.)

위는 〈속명륜〉이다.

孺人全義李氏, 友鹿軒李處士晦章之配, 華西李先生【名恒老 字而述 官參判】之母夫人也. 友鹿軒嘗與夫人約曰,

炊飯不計幾次, 勿以已炊者待賓矣. 一日夕九炊後, 賓又至, 友鹿軒徘徊于閨門外, 夫人曰, 賓客滿堂, 何不應接. 曰賓又至, 或不有已炊者乎. 夫人曰, 安得違約束. 遂更炊應之. 世傳十炊夕飯之家云.

(見華西集)

右續明倫

숙인 함양 여씨(呂氏)는164) 현감 이사응(李思膺)의165) 부인이다. 부모가 병이 났을 때 밤낮으로 걱정하며 그 곁을 떠나지 않았다. 오

---

163) 『화서집』부록권5 〈어록-남궁유 록(南宮濡 錄)〉에 있다.
164) 숙인 함양 여씨(呂氏): 1689년~1733년(숙종 15~영조 9). 아버지는 여광혜(呂光惠), 어머니는 박경휘(朴景輝) 딸이다. 이사응과 결혼하여 슬하에 2남 3녀를 두었다.
165) 이사응(李思膺): 생부는 이기홍(李基弘) 생모는 남양홍씨(妣南陽洪氏). 종부(從父) 이기양(李基陽)의 후사로 들어가게 되면서 유호(柳灝) 딸을 어머니로 모셨다. 무신난(영조 4) 때 청주로 정탐하러 갔다왔고 이 일로 훈련원첨정 및 도총부경력을 제수 받았다.

빠가 오랫동안 병을 앓았는데 집안 사람들이 돌보는 데에 혹 게으르게 하면 몸소 약을 챙겨 먹이는 일을 꺼리지 않았다. 『내훈』과 같은 가르침은 어르신들이 권할 때까지 기다리지 않고 스스로 알아서 읽어 아주 익숙하게 하였다.

시어머니가 전염병에 걸렸는데 숙인도 겨우 살아났지만 밤낮으로 곁에서 시중 들며 간호하였다. 물을 길어다 차를 끓여 마시게 하면서 온 정성을 다하여 허물이 없게 하였지만 결국 시어머니를 살리지 못했다. 그래서 울부짖고 가슴을 치며 몸 치장했던 것들을 전부 거두어 들였고 애달파하고 슬퍼함이 아주 지극했다. 제사[166] 한 가지 일에 조심을 다했으니 비록 아침 저녁을 지어 먹지 못해도 제사는 반드시 풍성하고 정결하게 했다. 그러면서 이르기를

"집안에 있고 없음을 잰 것은 선현들도 그 지나치게 사치함이 있을까 걱정했기 때문이다. 만약 가난한 집이어서 스스로 정성을 다하지 못하면 없다고 생각하여 반드시 제사를 폐할 것이다."

라고 했다.

남편이 일찍부터 서울에서 벼슬살이를 했기 때문에 숙인이 집안을 맡아 다스렸는데 아주 작은 것이라도 두루 미치지 않는 데가 없어 담장, 뜰과 밭 등이 정정하게 잘 다스려졌다. 남편이 집 밖에서 거처

---

166) 빈조(蘋藻)는 『시경』〈소남(召南) 채빈(采蘋)〉의 내용에 나오는 말이다. 그 시에 '이에 마름을 뜯기를 남쪽 시내에서 하도다. 이에 마름을 뜯기를 저 흘러가는 도랑에서 하도다.(于以采蘋 南澗之濱 于以采藻 于彼行潦)'라는 내용이 나온다. 이 시는 제사를 잘 모시는 것을 칭송한 시이다.

하고 먹는 생활이 괴로울 것을 생각하여 첩을 두도록 권했고 같이 살게 되었을 때에는 정성으로 그 사람을 어루만지니 그 사람 또한 사랑하고 받들었다. 이웃에 한 관인이 첩을 두었는데 투기하는 행동이 매우 심하였다. 그 첩이 숙인의 말을 한번 듣고는 감복하고 깨달아 행동을 고쳤다. 그 관인이 사람들에게 말하기를

> "아무개 부인의 덕은 능히 이웃집의 투기하는 여자도 능히 교화시켰다."

고 하였다.

무신년에 변고가 일어났을 때 남편이 향리에 있다가 왕을 보필하러 가게 되었다. 숙인이 남편을 전송하는데 슬퍼하거나 저지하는 기색이 없으므로 사람들이 물어보니

> "나라를 위해 어려운 때에 나아가는 것이 의리이다. 여자가 어찌 근심하고 괴로워하는 모습을 지어 마음을 어지럽게 할 수 있나요?"

라고 했다. 그러나 남편이 길을 떠난 이후 밤마다 잠을 못 이루고 뜰에 나아가 하늘에 기도하고 정신도 모습도 날로 초췌해져갔다. 병이 위독해지자 죽 그릇을 이끌어다 시어머니께 올리면서

> "시어머니께서 편안한 마음으로 드시는 것을 보아야 눈을 감을 수 있어요."

라고 했다. 아들에도 말하기를

"네가 다행이 스승을 얻었다만 네가 성취하는 것을 내가 볼
수 없는 것이 한스럽구나. 스승을 받드는 의리가 중요하니 너는
반드시 염두에 두고 스스로 잘 닦아야 한다."

라고 했다. 소실을 돌아보고는

"내가 평상시 자네를 어루만지고 사랑하며 정성으로 가르쳤
네 자네는 모름지기 삼가고 조심해야 하네."

라고 했다. 그리고는 올린 약을 받지 않으면서

"운명이다."

라고 했다.[167]

(『병계집』에 보인다.)

淑人咸陽呂氏, 縣監李思膺之配也. 父母有疾, 晝宵憂, 不離側. 男兄病
久, 家人視疾或怠, 躬藥餌不憚. 內訓等敎, 不待長者勸, 自就純熟.

姑遘癘, 淑人亦纔甦, 晝夜扶護. 秤水茶飮, 竭誠罔恔, 竟不能救, 則號擗
斂飾, 戚易備至. 克謹於蘋藻一事, 雖朝晡炊空, 祭必豐潔曰, 稱家有無者,

167) 『병계집』권52 〈숙인여씨묘지(淑人呂氏墓誌)〉에 있다. 결혼 후 남편 생부를
극진히 봉양하여 효부라는 칭송을 받았다. 윤봉구는 묘지에서 여씨가 남편이
서울에서 벼슬살이 하자 시중 들 첩 두기를 권했던 내용을 중요하게 다루었다.

先賢慮其有過侈也. 若貧家不自盡誠, 以無爲度, 必廢祭.

夫子早仕於京, 淑人當戶綜理, 無纖毫不周至, 牆屋園畝井井. 念夫子旅食之苦, 勸畜媵, 及同居, 撫其人以誠, 其人亦愛戴. 鄰有一官人妾, 甚有妬行. 其妾一聞淑人言, 感悟而改. 其官人語人曰, 某婦人之德, 能化鄰家妬女.

戊申變作, 夫子在鄉勤王, 淑人送之. 無慘沮色, 人問之, 曰爲國家赴難義也, 女子豈作愁苦狀以撓之. 然自其登途, 夜不寢, 露庭禱天, 神貌日悴. 病革, 索粥鉢進之姑曰, 得見尊姑安心飮啖, 猶可瞑目. 謂胤子, 汝幸得師, 恨吾無以見汝成就也. 師承義重, 汝須兢念自修. 顧語小室曰, 吾常撫愛爾, 敎以誠, 汝須謹惕. 進藥不受曰. 命也.

(見屛溪集)

숙부인 초계 정씨는[168] 의민공(懿愍公) 김제남(金悌南)의[169] 아들 김래(金珠)의[170] 부인이다. 어려서 여훈 및 여러 책을 읽고 대강의

....

168) 숙부인 초계 정씨: 1575년~1640년(선조 8~인조18). 아버지는 정묵(鄭默), 어머니는 이원(李愿) 딸이다. 17세에 김래와 결혼하여 슬하에 2남 3녀를 두었다. 계축옥사 때 시아버지와 남편이 죽자 아들을 산사에 들어가 살도록 하였다. 아들은 김천석(金天錫), 김군석(金君錫), 딸들은 김광찬(金光燦), 최극량(崔克良), 이후연(李後淵)과 결혼했다.

169) 김제남(金悌南): 1562년~1613년(명종 17~광해군 5). 본관은 연안(延安). 자는 공언(恭彦). 조부는 김안도(金安道)이고, 아버지는 김오(金禩)이며, 어머니는 권상(權常)의 딸이다. 둘째딸이 선조의 계비로 들어가 선조의 장인이 되었다. 1585년(선조 18) 사마시에 합격. 1602년 둘째딸이 선조의 계비(仁穆王后)가 되어 왕비로(곧 인목왕후) 책봉되자 연흥부원군(延興府院君)으로 봉해졌다. 1613년 이이첨(李爾瞻) 등이 인목왕후 소생인 영창대군(永昌大君)을 추대하려 했다고 공격하여 이 일로 죽음을 당했다. 이 때 아들인 김래(金珠), 김규(金珪), 김선(金瑄) 등이 모두 사사되었다. 1616년에 폐모론이 논의되자 부관참시되었다. 1623년 인조반정 후에 관작이 복구되었다. 시호는 의민(懿愍)이다.

뜻을 잘 이해했다. 행동거지는 규칙을 잘 준수하여 예가 아니면 말을 하지 않았다. 김씨에게 시집가서 며느리의 도를 매우 잘 닦으니 시부모가 중히 여겼다.

만력(萬曆) 임인년에[171] 승지의 여동생이 중궁의 자리에 올랐으니 곧 인목왕후(仁穆王后)이다. 영창대군을 낳았을 때 친척들 모두 다 축하해주었지만 부인과 승지군만이 걱정하였다.

선조 임금이 돌아가시고 간신 이이첨(李爾瞻) 등이 아부하고 꾀면서 영창대군은 화의 근원이라 하여 바다섬에 가두었다가 죽였고 대비를 서쪽 궁내에 깊숙이 가두어두었다. 연흥공과 승지의 두 아우도 모두 억울하게 죽었다.[172] 오직 시어머니 노씨(盧氏)만[173] 남았는데 빈 집에 갇혀 음식도 끊겨버렸다. 해를 넘기자 제주도로 쫓겨가 가시울타리가 둘러쳐진 곳에서 살게 되었다. 부인이 애달파하고 부르짖으며 원통해했고 밤이면 향을 피우며 하늘에 기도했다. 지극한 원통

....

170) 김래(金琜): 1571년~1613년(선조 4~광해군 5). 본관은 연안(延安). 자는 자옥(子玉). 아버지는 연흥군 김제남(金悌南), 어머니는 盧垍 딸이다. 인목대비 오빠. 1601년(선조 39)에 생원진사시에 합격. 용강현령, 김포현령, 청주목사를 역임했고 1613년 계축옥사가 일어났을 때 아버지 및 동생들과 함께 사사되었다. 1623년에 복관되었다.
171) 1602년(손조 35)에 선조가 계비 김씨를 맞이하여 왕비로 책봉하였다.
172) 김래(金琜), 김규(金珪), 김선(金瑄) 형제가 모두 사사되었다.
173) 노씨(盧氏): 1557년~1637년(명종 12~인조 15). 아버지는 盧垍, 어머니는 한용(韓鏞) 딸이다. 19세에 김제남과 결혼했고 둘째딸이 선조의 계비 인목왕후가 되었다. 1613년 계축옥사 때 명례방에 구금되었고 1616년 인목대비가 폐위되자 제주도로 옮겨져 위리안치되어 8년 동안 갇혀 있었다. . 이 때 여종이 술을 팔아 봉양했는데 제주 백성들이 '대비 어머니의 술이 맛있다.'고들 하였다. 송시열이 쓴 광산부부인 노씨 묘지명(光山府夫人盧氏墓誌銘)〉이 있다.

함을 씻어내기를 바라면서 누워있을 때에도 자리를 펴지 않고 추워도 옷을 더 껴입지 않았다. 머리카락은 쑥대처럼 되었고 얼굴에는 때가 끼었으며 홀로 피눈물을 흘린 것이 거의 10년을 하루같이 하였다.

처음에 승지군을 다른 산에 대충 묻었는데 화의 기미가 날로 더 심해지자 그 무덤까지 미칠까 걱정하여 관을 옮겨 옛 산으로 돌아가 장례를 지낸다고 선언하였다. 그리고는 몰래 관과 염습을 위한 도구와 물품을 준비하여 은밀한 곳에 몰래 묻었다. 또 간당들이 일족들을 모두 죽이려고 도모한다는 말을 들었는데 그 때 맏아들이 겨우 한 살 정도였다.[174] 그 아들이 갑자기 병에 걸려 죽었다고 말하고는 슬퍼하면서 상여를 내보냈다. 그리고는 허름한 옷을 입혀 몰래 산문으로 가 의탁하게 하여 그 위기를 피하게 했다.

노부인이 오랫동안 누추하고 막힌 데에 갇혀 밥 짓는 불도 피우지 못하였다. 부인이 수졸에게 뇌물을 주고 온갖 방도를 써서 밥 지어 먹는 일이 끊기지 않도록 하였다. 탐라로 옮겨졌을 때에는 종 가운데 의기가 있는 이에게 후하게 주어 끊지 말고 왕래하게 하여 입을 것과 먹을 것이 모자르지 않게 했다. 그리하여 마침내 이에 힘입어 온전할 수 있었다.

계해년 반정이 일어나 어머니의 의리가 다시 존귀해지고 간악한 융적들이 죽임을 다하게 되자 억울함을 씻어낼 수 있었다. 이 때 가장 먼저 연흥군의 관작을 복귀해주면서 '의민(懿愍)'이라는 시호를

....

174) 김천석(金天錫)을 말한다. 자는 명휴(命休). 1616년 산사에 의탁한 뒤 11여 년간 산을 옮겨 다니며 살았다. 인조반정 후 서울 집으로 돌아와 벼슬을 받았으며 홍산현감을 지냈다.

내렸다. 안거를 탐라에 보내 노부인을 맞아 오게 했으며 부인에게도 고명이 내려졌다. 자식들도 모두 슬하로 돌아와 봉양을 지극히 했다. 그리하여 사람들이 천도와 신명을 더더욱 믿으면서 부인의 지극한 정성이 아마도 감동시킨 것이라고 말하였다.[175]

(『청음집』에 보인다.)

淑夫人草溪鄭氏, 金懿愍公悌南之子牧使琭之配也. 幼習女訓諸書通大意. 動遵軌則, 非禮不言. 旣歸金氏, 婦道甚修, 舅姑重之. 萬曆壬寅, 承旨女弟入位中壼, 是爲仁穆王后, 永昌大君之生, 親戚畢賀, 夫人與承旨君獨憂之.

宣祖棄國, 奸臣李爾瞻等從臾, 謂永昌爲禍根, 囚海島殺之, 幽大妃于西內. 延興公【延興公】與承旨二弟皆冤死. 獨留姑盧氏, 鎖于空宅而絶其飮食, 踰年遷耽羅而梓棘之. 夫人哀號怨痛, 夜則焚香禱天. 籲雪至冤, 臥不設寢, 寒不襲衣. 蓬首垢面, 筊筊泣血者, 蓋十年一日也.

初承旨君藁葬他山, 逮禍機日深, 慮及泉壤, 宣言易櫬, 歸葬故壠. 密備棺斂諸須, 潛瘞隱處. 又聞奸黨謀欲楮族, 長男才亂. 忽云遘疾不救, 發哀送喪. 遂使羸服潛行, 託跡山門, 以避其危.

盧夫人久在牢閉中, 爨火不擧. 夫人賂守者, 百方施計, 俾免絶炊. 及移耽羅, 厚給僕人之有義者, 往來不絶, 母乏膳服, 卒賴以全. 癸亥反正, 母儀重尊. 誅流奸兇, 湔滌誣冤. 於是首復延興官爵, 賜諡懿愍, 以安車迎盧夫人於耽羅, 夫人與受誥命. 遺孤等歸侍膝下, 備極奉養. 人益信天道神明, 而夫人至誠, 亦庶幾感動云.

(見淸陰集)

....

175) 『청음집』권35 〈숙부인 초계 정씨 묘지명(淑夫人草溪鄭氏墓誌銘)〉에 있다. 아버지는 정묵(鄭默)

정부인 광주 김씨는[176] 감사 이만직(李萬稷)의[177] 세 번째 부인이다. 어려서부터 성정이 지극하였는데 열아홉 살 때 어머니가 돌아가시자[178] 슬퍼함이 지나쳐 거의 온전하지 못할 지경이었다. 계모 섬기기를 더욱 잘하였다. 결혼해서는 시부모가 돌아가셔서 모시지 못함을 애통하다고 여겨 맏형님을 마치 시부모처럼 섬겼다. 공의 두 부인 기일 날이 되면 반드시 소식(素食)[179]을 했으며 공의 두 번째 부

....

176) 정부인 광주 김씨: 할아버지는 김은휘(金殷輝), 아버지는 김익추(金益炦), 어머니는 소동명(蘇東鳴) 딸이다. 23세에 이만직과 결혼했다. 결혼했을 때 전처 아들 김수보(金秀輔)가 겨우 10세여서 자기 자식처럼 돌보았다. 김수득(金秀得), 홍진유(洪晉猷)와 신필우(愼必遇)에게 시집간 딸은 김씨가 낳은 자식이다.

177) 이만직(李萬稷): 1654년~1727년(효종 5~영조 3). 본관은 한산(韓山). 자는 자장(子長). 조부는 이덕사(李德泗)이고, 부친은 이태연(李泰淵), 어머니는 유경집(柳敬輯)의 딸이다. 1689년 기사환국 때 송싱르이 사사되고 인현황후가 폐비되는 사건을 보고 과거를 포기하기도 했으나, 1699년(숙종 25) 46세에 사마시에 합격. 임피현령(臨陂縣令), 영천군수(永川郡守), 청주목사(淸州牧使)등을 역임했고 관동의 방백으로 있을 때 백성들이 공덕비를 세워주기도 했다. 이후 형조참의까지 올랐다. 공주(公州) 줄동(茁洞)에 부인 정씨와 합장한 묘소가 있다. 일찍이 이세백이 '나라의 큰 그릇이므로 음직에 묻혀둘 수 없다.'고 할 정도로 신망이 두터웠다고 한다. 모두 세 번 결혼했는데 첫 부인은 정재대(鄭載垈) 딸로 '위태롭고 혼란한 때에는 반드시 옛날 열부와 같은 일을 해낼 것이다.'라는 평가를 받았지만 30세에 죽었다. 두 번째 부인은 박세장(朴世樟) 딸로 자식을 낳지 못하고 일찍 죽었다. 세 번째 부인은 김씨이다.

178) 실시(失恃)는 어머니가 돌아가셨음을 말한다. 이는 『시경』〈소아(小雅) 육아(蓼莪)〉의 내용에 '아버지가 없으면 누구를 믿으며 어머니가 없으면 누구를 믿을까.(無父何怙? 無母何恃?)"라는 데에서 나온 말. 그리하여 아버지가 돌아가신 것을 실호(失怙)라고 하고 어머니가 돌아가신 것을 실시(失恃)라고 한다.

179) 소식(素食): 상(喪) 당했을 때 육식하지 않고 채식만 하는 것. 여기서는 이만직의 전처였던 두 사람의 기일에 채식하면서 근신했음을 의미한다.

인이[180] 자식이 없는 것을 애달프게 여겨 눈물까지 흘렸다. 공의 측실을 예로써 대하여 40년 동안 같이 살면서도 한결같아 조금도 사이가 벌어지지 않았다.[181] 도리를 잘 알았고 일의 기미를 잘 살펴 알았고, 알아보고 일을 처리하는 것이 매우 뛰어나 수염 난 장부조차 미치지 못하는 바가 있었다. 숙종 임금이 승하하자 울면서 자식들에게 말하기를

　　"너희들이 가만히 앉아 입고 먹는 것들 모두 임금의 성은이
　　아닌 것이 없다. 훗날 조정에 들어가 서게 되면 마땅히 한결같은
　　마음으로 그 은혜 갚을 것을 생각해야 한다."

라고 했다.[182]

(『도곡집』에 보인다.【도곡은 이의현 호이다.】)

　　貞夫人光州金氏, 李監司萬稢第三配也. 幼已至性, 十九失恃, 哀毀幾不全. 事繼母, 尤篤至. 及行, 痛不逮尊章, 事公伯氏, 若尊章如也. 公兩配喪日, 必素食。以後配亡育, 悲愴至於隕涕. 待公側室以禮, 同居四十年, 一無幾微之間. 識道理, 燭事幾, 鑑裁超卓, 有鬚眉丈夫所不及者. 當肅廟陟方, 泣而語子姓曰, 汝輩坐而衣食, 莫非聖恩. 他日立朝, 宜思一心圖報. (見陶谷【李公宜顯號】集)

．．．．．．．．．．．．．．．．．．．．．．．．．．．．．

180) 박세장(朴世樟)의 넷째 딸로 자식이 없는 상태에서 일찍 죽었다.
181) 첩이 이만직의 위엄을 두려워하여 하고 싶은 말이 있어도 감히 못하자 김씨 부인이 대신 완곡하게 말해주었다고 한다.
182) 『도곡집』권19 〈정부인 김씨 묘표(貞夫人金氏墓表)〉에 있다. 김씨에 관한 기록은 이재의 『도암집』권44 〈정부인 광산 김씨 묘지(貞夫人光山金氏墓誌)〉도 있다.

안인 고흥 유씨는[183] 쌍청당(雙淸堂) 송유(宋愉)의[184] 어머니이며
우암(尤庵)과[185] 동춘당(同春堂)[186] 두 선생의 선조할머니이다. 비녀

....

183) 안인 고흥 유씨:1371년~1452년(공민왕 20~단종 즉위년). 아버지는 유준(柳
濬). 22세 때 남편이 죽자 4살된 아들 송유를 업고 회덕으로 왔다. 200여 년
후 자손 송시열과 송준길이 유씨의 정렬을 기리기 위해 종족들과 함께 추모사
업을 하였다. 그 과정에서 정려를 받았다. 정려비의 글은 송준길이 짓고, 글씨
는 송시열이 썼다. 현재 대전시 유형문화재로 지정되어 있다.

184) 송유(宋愉): 1389년~1446년(공양왕 1~세종 28). 아버지는 송극기(宋克己), 어
머니는 유준(柳濬) 딸이다. 벼슬하지 않고 회덕 백달촌(懷德白達村-현재 대전
송촌동)에 집을 짓고 살았다. 그 때 지은 쌍청당이 현재 남아 있다. 안원유(安
元裕) 딸과 결혼하여 아들 둘을 두었다.

185) 우암(尤庵): 송시열(宋時烈). 1607년~1689년(선조 40~숙종 15). 본관은 은진
(恩津). 아명은 송성뢰(宋聖賚). 자는 영보(英甫), 호는 우암(尤菴) 또는 우재
(尤齋). 증조부는 송구수(宋龜壽), 조부는 송응기(宋應期), 아버지는 송갑조
(宋甲祚)이다. 어머니는 곽자방(郭自防)의 딸이다. 충청도 옥천군구룡촌(九
龍村) 외가에서 태어나 26세(1632) 때까지 그곳에서 살았다. 1625년(인조 3)
이덕사(李德泗)의 딸과 결혼. 연산(連山)에 살던 김장생(金長生)과 그 아들
김집(金集) 문하에서 성리학과 예학을 배웠다. 1635년에는 봉림대군(鳳林大
君: 후일의 효종)의 사부(師傅)가 되어 효종과 깊은 유대를 맺는 계기가 되었
다. 1659년 5월 효종이 승하했을 때, 조대비(趙大妃)의 복제 문제로 예송(禮
訟)이 일어나자 낙향하였다.1689년 1월 숙의 장씨가 아들(후일의 경종)을 낳
자 숙종이 원자(元子)로 삼으려하자 반대하는 상소를 하여 제주도로 유배되었
다. 그 해 6월 서울로 압송되어 오던 중 정읍에서 사약을 받고 죽었다. 1694년
갑술환국(甲戌換局) 때 관작이 회복되었다.

186) 동춘당(同春堂): 송준길(宋浚吉). 1606년~1672년(선조 39~현종 13). 본관은
은진(恩津). 자는 명보(明甫), 호는 동춘당(同春堂). 증조부 송세영(宋世英),
조부는 송응서(宋應瑞), 아버지는 송이창(宋爾昌)이다. 어머니는 김은휘(金殷
輝)의 딸이다. 20세 때 김장생(金長生)의 문하생이 되었다. 1624년(인조 2) 진
사가 된 뒤 학행으로 천거받아 세마(洗馬)에 제수되었다. 자의대비(慈懿大妃)
의 복상 문제로 예송(禮訟)이 일어나자 송시열이 주장했던 기년제를 지지하였

꽃을 나이에 진사 송극기(宋克己)에게 시집갔지만 불행히도 남편이
단명하니 그 때 나이가 스물둘이었다. 그 부모가 수절하고자 하는 마
음을 빼앗고자 했지만 그 할머니는 죽음으로써 다른 데로 다시 시집
가지 않겠다고 맹세했다. 그리고 스스로 네 살된 어린 아이를 업고
집에서 빠져나와 걸어서 시부모가 있는 곳으로 갔다. 대개 송경에서
부터 회덕까지는 오백여 리나187) 되었다. 힘은 다하고 기력도 다했
으며 발은 부르트고 속은 타들어갔고, 겨우 기어서 문 밖에 도착했지
만 시부모는 안으로 들이지 않으면서

　　"어떤 여자가 부모의 말을 듣지 않느냐? 이는 삼종의 의리를
　　알지 못한 것이다."

라고 했다. 그 할머니는 울면서 대답하기를

　　"제 삼종해야할 사람은 바로 지금 등에 업힌 아이가 아닙니
　　까?"

라고 하면서 삼 일동안 서서 가지 않으니 시부모가 감복하여 받아주
었다. 이로부터 자애와 효성 사이에 벌어짐이 없었다.188)

　　다. 1681년 문정(文正)이라는 시호를 받았다. 김장생과 함께 문묘(文廟)에 종
　　사(從祀)할 것이 건의된 이래 1756년(영조 32) 문묘에 제향되었다. 저서로『어
　　록해(語錄解)』·『동춘당집(同春堂集)』이 있다.
187) 지금의 거리 단위로 말하자면, 서울에서 개성까지 60Km 정도이고 서울에서
　　회덕까지 156Km 정도이므로 약 215Km를 걸은 것이다.
188) 『송자대전』권201 〈선조비 유씨 묘표(先祖妣柳氏墓表)〉에 있다. 송준길도

(『송자대전』에 보인다.)

安人高興柳氏, 雙淸堂宋愉之母夫人, 尤庵【名時烈 字英甫 恩津人 官左
議政 諡文正公 從祀文廟】同春【名浚吉 字明甫 官左參贊 諡文正公 從祀文
廟】兩先生之先祖妣也. 旣笄歸于進士克己, 不幸短命 年二十二. 其父母欲
奪其志, 祖妣矢死靡他. 自負四歲遺兒, 脫身徒行, 以就舅姑. 蓋自松京至
懷德, 五百餘里. 力盡氣竭, 足繭腸焦, 匍匐門外, 舅姑始不肯納曰, 何女子
不聽父母, 是不識三從之義也. 祖妣泣而對曰, 我之三從, 今不在於背上兒
乎. 立三日不去, 舅姑感而受焉. 自是慈孝無間.

(見宋子大全)

용암(龍巖) 민성(閔梓)공은[189] 자가 재만(載萬)이며 여양군 민인백
(閔仁伯)의[190] 아들이다. 숭정(崇禎) 9년에 청나라 병사들이 쳐들어

....

〈팔대조비 열부 안인 유씨 행장(八代祖妣烈婦安人柳氏行狀)〉을 썼다.

189) 민성(閔梓): 1586년~1637년(선조 19~인조 15). 자는 재만(載萬), 호는 용암.
조부는 민사권(閔思權), 아버지는 민인백(閔仁伯), 어머니는 정희린(鄭熙鄰)
딸이다. 과거를 포기하고 문사에 전념했다. 병자호란이 일어나자 강화도로 가
출전하였지만 강화도가 함락되자 온 가족과 함께 죽었다.

190) 민인백(閔仁伯): 1552년~1626년(명종 7~인조 4). 본관은 여흥(驪興). 자는
백춘(伯春), 호는 태천(苔泉). 증조부는 민세규(閔世珪), 조부는 민종윤(閔宗
胤), 아버지는 민사권(閔思權)이며, 어머니는 노인(盧禋)의 딸이다. 성혼(成
渾)의 문인인데 사헌부감찰 때 서인 정철(鄭澈)의 일파라고 하여 안협현감으
로 좌천되었다. 진안현감일 때 정여립(鄭汝立)의 난이 일어났는데 당시 정여
립이 진안현으로 들어오자 정여립의 아들 정옥남(鄭玉男)을 잡은 공으로 예조
참의로 승진되고 평난공신이 되었다. 1604년 주청부사가 되어 명나라에 다녀
왔고, 1621년(광해군 13) 지중추부사가 되었다. 시호는 경정(景靖)이다.

오자 민성은 강개하면서 그 누나에게[191] 말하기를

"제가 어머니 배 속에 있을 때부터 이미 임금님의 녹을 먹었
으니 의리상 마땅히 나라와 함께 존망을 같이 해야겠지요."

라고 하면서 곧바로 집안 사람들을 이끌고 강화도로 들어가 의병의
무리에 속했다. 다음 해 정월 강화도가 함락되자 강화유수였던 장신
(張紳)이[192] 성을 버리고 도망갔다. 누군가 민성에게 이르기를

"바닷가에 작은 배 한 척이 있으니 가히 도망가실 수 있을 겁
니다."

라고 하니 민성이

"사군자가 의병에 이름을 두고 어찌 먼저 도망칠 수 있겠는
가?"

....

191) 아버지 민인백의 측실 소생 딸로서 소동(蘇氵)과 결혼했다. 병자호란 때 민성
을 따라 죽었지만 정려나 포상 받지 못하였다.

192) 장신(張紳): ?~1637(인조 15). 아버지는 장운익(張雲翼), 어머니는 박숭원
(朴崇元) 딸이다. 계곡 장유(張維)의 동생이다. 1619년(광해군 11) 자기의 집
터를 왕실에 바치고 벼슬을 얻었다. 1623년(인조 1) 인조반정 때에 궁궐을 수
비하던 장인 이흥립(李興立)을 설득하여 내응하게 하고 왕궁 진입에 참여하여
공을 세웠다고 하여 정사공신이 되었다. 1636년 강화유수가 되었는데 병자호
란으로 강화도가 함락될 위기에 처하자 먼저 도망갔다. 이 일로 조정에서는
그에게 자결하도록 하였다. 아들 장선충(張善沖), 장선홍(張善泓)이 있다.

라고 했다. 또 누군가 말하기를

　　"검도(劍島)가[193] 멀지 않으니 썰물 때를 기다렸다가 가히 그
　　섬으로 들어갈 수 있습니다."

라고 하였다. 민성가

　　"요행이 면하는 것은 내 뜻이 아니다."

라고 하고서는 드디어 정족산(鼎足山)의 천등사(天燈寺) 토실 안으
로 들어갔다. 여자들 중 아직 비녀 꽂을 나이가 안된 이들이 셋이었
다.[194] 민성은 허리띠와 흰 면 머리띠를 풀어 스스로 목을 매어 죽으
라고 하였다. 나이가 제일 많은 딸에게 비녀를 꽂아 주었는데 그녀는
비녀를 꽂은 후 이내 죽었다. 두 번째 나이 많은 딸에게도 비녀를 꽂
아주었고 그녀도 비녀를 꽂은 다음 또 죽었다. 제일 어린 막내딸에게
비녀를 꽂아주었고 막내딸도 비녀를 꽂은 다음 또 죽었다. 이때 민성
의 아들들과 그 며느리들도 모두 죽었다. 민성이 그 종에게

　　"민씨 한 집안의 열 세명이 모두 한꺼번에 같이 한 곳에서 죽
　　는다.[195] 내가 죽은 후 곧바로 이 토실을 허물어서 덮어다오."

....

193) 검도(劍島): 지금의 동검도인 듯하다.
194) 여자가 비녀 꽂을 나이란 성년이 되어 혼인할 나이가 되었음을 의미한다. 민성
　　은 딸 넷을 두었는데 첫째 딸은 이미 최여준과 결혼했고 나머지 세 명은 아
　　직 결혼하지 않은 상태였다. 그리하여 비녀를 꽂아 성년임을 드러낸 다음에
　　죽게 한 것이다.

라고 하고 스스로 목숨을 끊었다.

민성에게는 우씨(禹氏) 첩이 있었다. 민재가 장차 죽으려 할 때 우씨를 보고

"너는 사족이 아닌데 반드시 죽을 필요가 있느냐?"

하니 우씨가 말하기를

"첩이 어떻게 주인님을 버리고 살기를 도모하겠습니까? 첩이 설령 살려고 도모할 마음이 있다해도 나이가 어린 여자이니 어찌 장차 편안하겠습니까?"

라고 했다. 민성이 웃음을 지으며

"내가 너로 하여금 죽는 것을 좋아하게 만들었구나. 네 뜻이 이와 같다면 내가 어떻게 그 마음을 빼앗을 수 있겠느냐?"

고 했다. 우씨는 여종에게 흰밥을 짓게 하고는 태연자약하게 이야기도 하고 웃기도 했다. 그리고 민성의 딸에게 이르기를

....

195) 13명은 민성, 민성의 서자(庶姊), 맏아들 민지박(閔之鈇)과 그 처 이씨(李氏), 둘째 아들 민지핵(閔之釛)과 그 처 김씨(金氏), 셋째아들 민지익(閔之釱)과 그 처 유씨(柳氏), 장녀인 최여준 처(崔汝峻妻) 그리고 시집 가지 않은 딸 세 명. 민성의 첩 우씨(禹氏) 등이다. 민성을 비롯하여 민성의 첩까지 정려 및 포상을 받았지만 서자(庶姊)만 빠졌다.

“주인님은 제가 사족이 아니라고 하면서 제가 죽기를 아까워
하는 마음이 있다고 의심하시니 어찌 부끄럽지 않습니까? 제가
먼저 죽어 제 마음을 보여드리렵니다.”

라고 하고서 차고 있던 칼을 뽑아 먼저 목숨을 끊었다.
　민성의 사촌 여동생[196] 또한 강화도로 들어왔는데 청나라 병사들
을 마주치자 꾸짖음을 그치지 않더니 결국 죽임을 당했다.[197]
(『강한집』에 보인다.)

　　龍巖閔公垶, 字載萬, 驪陽君仁伯之子也. 崇禎九年, 淸兵至, 垶慷慨謂其
姊曰, 吾自在胎息中, 已食君祿, 義當與國俱存亡也. 卽挈其家, 入江華, 屬
于義旅. 明年正月, 江華陷, 留守張紳棄城走. 或謂垶曰, 海岸有一葉舟, 君
可走也. 垶曰, 士君子名爲義旅, 先遁可乎. 或又曰, 劍島不遠, 俟潮落, 可入
島也. 垶曰, 幸免。非吾志也. 遂入鼎足山天燈寺土室中. 女子未笄者, 凡三
人. 垶解所帶白綿巾, 令自經死. 笄長女, 長女旣笄, 乃死之. 笄仲女, 仲女
旣笄, 又死之. 笄季女, 季女旣笄, 又死之. 於是垶子與其婦皆死之. 垶謂其
奴曰, 閔氏一家十三人. 同死一處, 吾死後, 卽毁此室以掩之, 乃自決死.

　　垶有妾曰禹氏. 垶將死, 顧謂禹氏曰, 汝非士族, 何必死也. 禹氏曰妾豈
忍捨主君而圖生乎. 妾設有圖生之志, 年少女子, 獨將安之. 垶笑曰吾以汝
爲愛死矣. 汝志如此, 則吾何可奪也. 禹氏使婢炊白飯, 談笑自若. 謂垶女
曰主君以我非士族, 而疑我有惜死心, 豈不恥哉. 我先死, 以暴我心. 立拔
佩刀, 先自殺. 垶從父妹亦入江華, 遇淸兵, 罵不絶口. 遂死之.

　　(見江漢集)

．．．．．．．．．．．．．．．．．．．．．．．．．．．．

196) 김홍보(金弘輔) 처이다.
197) 『강한집』권28 〈명배신전-민성〉에 있다. 이 내용은 이재의 『도암집』권35 〈용
　　암 민공 묘갈(龍巖閔公墓碣)〉, 송시열의 『송자대전』권214 〈용암 민성전(龍
　　巖閔垶傳)〉에도 있다.

위는 〈속통론〉이다.

右續通論

윤광연(尹光演)의 부인은 강씨이다.[198] 일찍이 말하기를

"하늘이 명하여 부여한 성(性)은 처음부터 남자와 여자는 다름이 없다. 부인이고서 태임과 태사를[199] 본받아 그렇게 되기를 바라지 않는 것은 스스로 포기하는 것이다."

라고 했다. 오로지 속마음 닦는 데에 전념했고 행동거지는 한결같았다. 항상 단의(襐衣)를[200] 입고 명직(明直)을[201] 따라 새벽에 집안

---

198) 강정일당이다.

199) 태임(太任): 지임씨(摯任氏)의 둘째 딸로 왕계(王季)의 후비이며 문왕(文王)의 어머니이다. 임신 했을 때 태교를 잘하여 나쁜 색을 보지 않고 음란한 소리를 듣지 않고 오만한 말을 하지 않았다. 태사(太姒)는 유신(有莘) 사씨(姒氏)의 딸로 문왕의 후비이며 무왕(武王)의 어머니이다. 시할머니 태강(太姜)과 시어머니 태임을 잘 모셨다. 열 명의 아들을 낳았다. 맏아들은 백읍 고(伯邑考), 그 다음으로는 무왕 발(武王發), 주공 단(周公旦), 관숙 선(管叔鮮), 채숙 도(蔡叔度), 조숙 진탁(曹叔振鐸), 곽숙 무(霍叔武), 성숙 처(成叔處), 강숙 봉(康叔封), 염계 재(聃季載)이다.

200) 단의(襐衣): 검은 색 상의와 아래에 입는 치마에 붉은 색 가선을 두른 옷. 『의례』 〈사상례〉의 주를 보면 '검은색의 상의(上衣)와 하상(下裳)에 붉은색의 가선을 두른 옷을 단의라고 한다.'라고 하였다.

201) 명직(明直) : 윤광연의 자.

사당에 인사하고서는 물러나올 때에 반드시 단정하고 공손하게 무릎을 꿇고 앉았으니 배고프고 춥고 질병이 있는 줄 모를 정도였다. 남편이 밖으로 외출할 때에는 꼭 절을 했다. 학문하기를 권하면서

"사람이고서 배우지 않으면 사람이라고 할 것이 없습니다. 의로움을 버리고 사느니 차라리 도를 들으면서 빈한함을 편안하게 여기는 것이 낫습니다."

라고 했다. 병이 위독해졌을 때 죽음을 두려워하는 뜻이 없었다.[202] 명직이 우는 것을 보고 정색을 하며

"죽고 사는 것은 운명이니 무슨 슬퍼할 것이 있습니까?"

라고 말했다.[203]
(『매산집』에 보인다.)

尹光演夫人姜氏. 嘗曰天命之性, 初無男女之殊. 婦人不以任姒自期者, 是自棄也. 專於內修, 動靜如一. 常服綷衣, 隨明直晨謁家廟, 退必端拱危坐, 不知有饑寒疾病. 君子出行必拜. 勸其居業曰, 人而不學, 無以爲人. 與其棄義而生, 不若聞道而安貧. 及疾革無怛化意. 見明直泣, 正色曰死生命也, 何憾之有.

....

202) 무달화(無怛化) : 죽음을 슬퍼하면서 호들갑 떨어 죽은 사람을 놀라게 하지 말고 조용히 죽게 한다는 말이다. 『장자(莊子)』 〈대종사(大宗師)〉에 '무달화(無怛化)'라는 말이 있다.
203) 『매산집』 권43 〈유인 진주 강씨 묘지명(孺人晉州姜氏墓誌銘)〉에 있다.

　민충문공[204] 부인 이씨는[205] 덕성이 너그럽고 조용하여 급한 순간에도 놀라 얼굴빛이 달라지지 않았다. 집 안에서 일찍이 불이 났을 때 아들 우수(遇洙)가[206] 막 밥 먹는 시중을 들고 있다가 맨발로 뛰쳐나갔고, 불길이 잡히자 돌아와 앉았다. 부인은 여전히 숟가락을 잡고 있었고 꾸짖으며 말하기를

　　"어찌 이처럼 가볍게 행동하느냐?"

라고 했다.

　부인은 일찍이 송 백희가 불난 때에 닥쳤던 일을[207] 읊조리면서

....

204) 민진후(閔鎭厚)이다.

205) 이덕노(李德老) 딸이다.

206) 민우수(閔遇洙): 1694년~1756년(숙종 20~영조 32).본관은 여흥(驪興). 자는 사원(士元), 호는 정암(貞庵). 아버지는 민진후(閔鎭厚), 어머니는 이덕로(李德老)의 딸이다. 20세 전 사마시(司馬試)에 장원으로 합격. 권상하(權尙夏)에게 배웠다. 민익수(閔翼洙)와 형제이다. 저서로는 『정암집(貞庵集)』 16권이 있다. 시호는 문간(文簡)이다.

207) 송 백희(宋伯姬): 노(魯) 선공(宣公)의 딸. 노 성공(成公)의 여동생. 송나라 공공(恭公)과 결혼했다. 결혼한 지 십 년 만에 남편 공공이 죽어 미망인이 되었다. 이 때 집에 불이 났는데 시종들이 피하라고 했지만 보모(保母)와 부모(傅母)가 없어서 방 밖으로 나갈 수 없다고 주장했다. 조금 후에 보모(保母) 도착했지만 부모(傅母) 아직 안 왔으므로 그녀를 기다리다가 결국 불에 타 죽었다. 이 이야기는 유향(劉向) 『열녀전』〈정순전〉에 나온다.

탄복했었다. 익수(翼洙)가[208] 묻기를

"부모(傅母)가 왔으면 이 때 갈 수도 있었을 터인데 꼭 보모 (保母)가 올 때가지 기다렸다가 결국 죽었으니 지나치지 않습니 까?"[209]

부인이 말하기를

"평일에 마음을 바로 세우고 행동을 제어하기를 이와 같이 한 다면 근심스럽고 어려운 경우를 당했을지라도 어찌 체신을 잃고 절도를 잃어버릴 염려가 있겠느냐? 그래서 내가 이를 깊이 우러 르는 것이다."

라고 했다.[210]

(『도암집』에 보인다.)

....

208) 민익수(閔翼洙): 1690년~1742년(숙종 16~영조 18). 본관은 여흥(驪興). 자는 사위(士衛), 호는 숙야재(夙夜齋). 조부는 민유중(閔維重), 아버지는 민진후 (閔鎭厚)이며, 민우수(閔遇洙)의 형이다. 일찍 세마(洗馬)가 되었지만 조정이 당론으로 어지럽자 과거공부를 그만두고 여강(驪江)으로 돌아갔다. 1740년 위 시사건(僞詩事件-숙종이 지은 시라고 조작했던 사건)에 연루되었으나 송인명 (宋寅明)이 구제하여 삭직(削職)되는 데에 그쳤다.

209) 송 백희가 살던 때에 '여자는 두 스승 곧 보모와 부모가 있어야 밖으로 나갈 수 있다.'는 예법이 있었다. 불이 나 급한 상황이지만 두 스승 중 한 스승만 왔기 때문에 나가지 않은 것이다.

210) 『도암집』권50 〈백구모 정경부인 연안 이씨 행장(伯舅母貞敬夫人延安李氏行 狀)〉에 있다.

閔忠文公夫人李氏, 德性寬靜, 倉卒急遽, 未嘗失色. 家內嘗失火, 遇沫方侍食, 徒跣而出, 火定還坐. 夫人執匕如故, 責之曰何若是輕遽耶.

夫人嘗誦宋伯姬逮火事而嗟歎之. 翼沫問曰傅來斯可去矣, 而必待姆來, 竟至於死, 無乃過乎. 夫人曰使平日立心制行能如是, 則雖當患難之際, 豈有喪身失節之憂哉. 吾以是深仰之.

(見陶菴集)

도암(陶菴) 이선생 어머니의[211] 며느리 오씨는[212] 자식이 없는 상태에서 일찍 죽었다. 며느리의 오빠인 부마 해창위(海昌尉)가[213] 어릴 때부터 갖고 놀던 구슬 패물을 돌려주면서

"이것을 잘 두었다가 그 제사를 받드는 사람을 기다리게 해주십시오."

....

211) 이만창(李晩昌) 부인. 아버지는 민유중(閔維重), 어머니는 송준길(宋浚吉) 딸이다.

212) 오씨(吳氏): 아버지는 오두인(吳斗寅), 어머니는 황연(黃埏) 딸이다. 딸 중 막내로 가장 사랑받았다. 그녀가 7세 되었을 때 아버지와 시할아버지가 일찍부터 혼인 약속을 해두었고 15세에 이재(李縡)와 결혼했다. 오빠는 오태주(吳泰周), 오진주(吳晉周), 오이주(吳履周)이며 언니들은 각각 김창열(金昌說), 최창대(崔昌大), 김영행(金令行)과 결혼했다. 큰오빠 오태주가 명안공주와 결혼했다. 여러 번 유산했었고 딸을 낳다가 죽었다. 이재는 홍우현(洪禹賢) 딸과 재혼했다.

213) 오태주(吳泰周): 1668년~1716년(현종 9~숙종 42). 본관은 해주(海州). 자는 도장(道長), 호는 취몽헌(醉夢軒). 오사겸(吳士謙)의 증손, 할아버지는 오상(吳翔), 아버지는 오두인(吳斗寅). 열두 살 때 현종의 딸인 명안공주(明安公主)와 결혼하여 해창위(海昌尉)가 되었다. 장희빈 소생 아들을 세자로 책봉하는 일에 반대했다가 한때 관작을 삭탈당하기도 했다. 시호는 문효(文孝)이다.

라고 했다. 그런데 부인이 거절하면서 돌려보내며

> "이것들은 모두 궁궐에서 나왔으므로 평범한 집안에 마땅히
> 두기에 적합하지 않습니다. 하물며 이 물건들에 꼭 복이 따르리
> 라고 할 수도 없으니 감히 아직 태어나지 않은 자손을 기다리느
> 라 여기에 둘 수는 없습니다."

라고 했다.[214]

(『도암집』에 보인다.)

陶菴李先生, 母夫人, 婦吳氏蚤死無子. 其兄海昌駙馬以其幼少所玩好珠
貝之屬歸之曰, 留此以待其尸祀者也. 夫人謝遣之曰, 是皆出自宮禁, 非匹
庶家所宜有. 況此物未必與福相隨, 不敢留待未生之子孫也.

(見陶菴集)

숙부인 은진 송씨는[215] 부호군 김호덕(金好德)의 부인이며 우암선
생의 고모이다. 만력 임진년에 김공과 혼인했는데 아직 시댁으로[216]

....

214) 『도암집』권50 〈선비 묘지(先妣墓誌)〉에 있다.
215) 숙부인 은진 송씨: 1571년~1662년(선조 4~현종 3). 아버지는 송응기(宋應期),
    어머니는 이윤경(李潤慶) 딸이다. 7살 때 왕이 모화관에서 군대를 사열하는
    장면을 구경하기 위해 아버지가 내준 2천 자에 달하는 글을 외웠다고 한다.
    20세에 김호덕과 결혼했다. 남편이 죽었을 때 80세가 되었는데도 상례를 잘
    지켰는데 하얀 제비가 집으로 들어왔고 또한 낳은 새끼 또한 하얀 제비였으므
    로 사람들이 감탄했다.
216) 김호덕의 집은 보은에 있었다. 영월로 피난갔다가 시댁인 보은으로 왔다.

가지 않았을 때 갑자기 왜변을 만나게 되었다. 경성(京城)으로부터 오빠들을[217] 따라 영서의 영월로 적병을 피해 갔다. 길 위에 있을 때에는 반드시 위험한 곳이나 물가 옆에 있었는데 대개 갑자기 변고를 당하면 스스로 죽으려고 계획했기 때문이었다. 밤에는 경계할 일이 있으면 반드시 짧은 칼을 손에 쥐고 있었다.

영월의 습속이 질박하여 숙인이 여러 여종 가운데 섞여 있는 것을 보고 밥을 갖고 와 먹이려고 했다. 부인이 오히려 옷소매로 얼굴을 가리면서 선뜻 받지 않으니 그런 연후에야 사람들이 여종이 아님을 알아차렸다.[218]

(『송자대전』에 보인다.)

위는 속경신(續敬身)이다.

　淑夫人恩津宋氏, 副護軍, 金好德之配, 尤庵先生之姑也. 萬曆壬辰, 適
金公, 未及歸, 而卒値倭變. 自京城從諸兄, 避兵于嶺西之寧越. 其在道塗,
必臨危傍水而處, 蓋欲倉卒遭變而爲自處計也. 當夜有警, 則必手執寸刃.
寧越俗質, 見淑人混廁於諸婢中, 以食來饋. 夫人猶以衣袖自蔽, 不肯輒受,
然後人始知其非婢也.

　(見宋子大全)

　右續敬身

217) 오빠들은 송흠조(宋欽祚), 송승조(宋承祚), 송천조(宋天祚), 송방조(宋邦祚) 등이다. 남동생 송갑조(宋甲祚)가 있으며, 언니는 박경심(朴慶深)과 결혼했다.
218) 『송자대전』권215 〈고모 숙인 송씨전(姑母淑人宋氏傳)〉에 있다.

규범 발(閨範 拔)

　반맹견이[219] 조선에 대해 말하면서 '그 부녀자들이 정숙하고 신실하며 음란하지 않다.'고 칭송했다. 주부자(朱夫子) 또한 고려 풍속이 매우 좋았다고 하였는데 본조에 이르러서 더욱더 찬란했다. 열성(열성)들께서 앞에서 이끌어 가시고 여러 현인들이 밝게 드러내어 규문 안에서도 교화가 크게 행해졌다. 여자들이 한결같이 따라 저절로 나라의 풍속이 되었으므로 의로운 덕과 지극한 행실이 얼마였던가. 집집마다 경강(敬姜)이 있고 사람마다 영녀(令女)였다. 어찌 삼고(三古) 이후에 하나같이 처음으로 융성하지 않았겠는가?

　다스림과 어지러움이 서로 갈아타고 세도가 점차 없어져가면서 오랜 연원이 있는 가문과 세족들의 집 안 행적들은 차마 말로 할 수 없는 것들도 많아졌다. 그런데다 요즘 이른 바 여자들이 배우려고 모인 학교라는 것은 음양이 서로 자리가 뒤바뀌어 남녀가 서로 그 바른 자리를 빼앗은 것이다. 내가 이를 걱정하여 『소학』 가운데에 부녀자들과 관련된 내용을 뽑고 겸하여 남당(南塘) 한선생의 〈부훈(婦訓)〉을 가져다 붙였고 또 우리나라의 어진 여자들의 행적을 합쳐서 한 책으로 만들었다. 그래서 집안 사람들이 배우고 익히도록 하며 또한 뜻을 같이 하여 모두 서로 악에 빠지는 것을 면하게 했다. 하지만 견문과 식견이 높지 않아 취하고 버린 것이 분명하지 못하였기 때문에

---

219) 반맹견(班孟堅) : 후한 때의 대학자 반고(班固 : 32~92). 맹견은 그의 자이며, 부풍(扶風) 안릉(安陵) 사람이다. 『한서(漢書)』의 저자. 아버지 반표(班彪)가 역사서를 쓰기 위해 자료를 준비하고 마치지 못하자 뒤이어 받아 역사서 편찬을 마쳤다. 장제(章帝)의 명을 받아 『백호통의(白虎通義)』의 편찬을 주도했다.

오랫동안 그냥 놔 두었다.

　친구 유선직(柳善直)이[220] 나를 찾아와 새벽부터 밤까지 서로 이야기를 주고 받으며 세상에 비린내가 하늘까지 뻗치고 풍교가 땅에 떨어졌음을 개탄하며 때때로 눈물을 흘리기도 했다. 이로 인해 책을 엮는 데에 이르렀지만 그 뜻을 이루지 못했다. 그런데 선직이 듣기를 즐겨하고 여러 달 동안 나와 함께 지내면서 한 편을 만들고 그것을 『규범』이라고 이름 지었다. 수집하고 버리는 일은 대개 선직이 주관했고 배열하는 일은 곧 나 또한 더불어 들은 것 하나 둘이었다. 이 책은 강(綱)을 세우고 목(目)으로 나누어 정밀하고 근엄하여 족히 부녀자들의 귀감이 될 만하다. 하늘이 만약 화를 내린 것을 후회하고 양(陽)이 회복되는 날이 있다면 옛 것을 끌어다가 오랑캐 같은 것을 고치는 데에 도움이 될지 어찌 알겠는가.

　아아. 지금 세상 사람들도 그 또한 이것을 보고 되돌아보며 생각할진저.

　영가(永嘉) 김복한(金福漢)이 삼가 발문을 쓴다.

---

220) 유호근(柳浩根): 선직은 그의 자. 호는 사가(四可). 1896년 2월 윤석봉(尹錫鳳) 등과 유인석(柳麟錫)에게 격려문을 보내어 의병을 지원하였다. 을사늑약 체결로 인해 한국의 주권을 일본이 강탈하자 1906년 5월에 민종식(閔宗植) 의진(義陣)에 들어가 의병으로 활동했다. 파리장서운동에 참여한 사실이 발각되어 일본 경찰에 체포되어 고초를 겪었다.

閨範 跋

班孟堅傳朝鮮, 而稱其婦人貞信不淫. 朱夫子亦云高麗風俗深好, 至于本朝尤彬彬焉. 列聖道率群賢闡明, 閨之間, 敎化大行. 女士從一自成國俗, 而懿德至行幾乎. 家敬姜而人令女矣. 豈非三古後一初之盛也哉.

治亂相乘, 世道淪喪, 故家世族之內行, 多有不忍言者. 而若近日所謂女學會學校者, 便是陰陽易處, 而男女奪位矣. 余爲是懼, 竊欲抄出小學之關於婦女者, 兼取南塘韓先生婦訓而附之, 以我東賢媛之蹟, 合爲一書. 使家人學習, 亦與同志共之得免胥溺. 而恐見識不高取舍不明, 因循久矣.

余友柳善直來館於我, 晨夕晤語相與慨傷乎腥穢彌天, 風敎墜地, 而有時隕涕. 因及撰書, 未遂之意. 則善直樂聞而與爲之閱月, 而成編, 名之曰閨範. 其蒐輯去取, 盖善直主之, 其於義例, 則余亦與聞一二. 是書也, 立綱分目, 精密謹嚴, 足爲婦女之龜鑑. 而天若悔禍陽復有日, 則安知不爲挽古革夷之助也.

嗚呼, 今世之人, 其亦觀此, 而反思之哉.

永嘉金福漢謹跋

김복한이 지은 여성들의 전

송열부전

열부 송씨는 본관이 여산(礪山)이고, 아버지는 송선호(宋善浩)이다. 어려서부터 지조가 있어 자신을 올곧게 지켰다. 19세에 시집가 연산에 사는 서원재(徐元載) 후처가 되었다. 시부모를 효성으로 섬기고 남편을 대할 때 반드시 공경하는 마음으로 했으며 남편 집안사람들에게도 베풀어 또한 능히 우애하고 화목하게 하니 온 집안 사람들이 칭찬했다.

4년이 지난 무렵 남편이 고치기 힘든 병이 들었는데 약을 챙겨 먹이고 간호하는 일 등을 일절 다른 사람에게 맡기지 않았다. 남편이 먹으면 먹고, 남편이 먹지 않으면 먹지 않으며 똑같이 지내고자 했다.

밤에는 목욕재계를 하고 기도하면서 자신이 대신할 수 있게 해달라고 청하였다. 2년 동안 하루같이 이렇게 했다. 남편의 병이 매우 심해지자 다섯 손가락을 베어 피를 남편의 입 속으로 흘려 넣어 능히 4일 정도 더 살게 하였다. 그러나 결국 남편은 죽었다.

송씨는 비록 애통하였지만 시부모가 옆에 계셨기 때문에 마치 심하게 슬프지 않은 사람처럼 했고, 부드럽고 너그러운 듯 말하였다. 시신을 싸는 이불 등을 자신이 직접 마련하였다. 피눈물이 옷을 적셨고 물 한모금도 입에 넣지 않았다. 집안 사람들이 걱정하면서 단단히 방비했다. 그러나 송씨는 방비가 느슨해진 틈을 타 간수를 마셨고 사람들이 구하려고 했지만 미치지 못했다. 이 날이 곧 습렴을 마친 날 저녁이었다. 며칠 후 남편이 묻힌 구덩이에 함께 묻혔다. 향리에서 그 소식을 들은 사람치고 의롭게 생각하고 슬퍼하지 않는 이들이 없었다.

어은산인이 말한다.

부부의 윤리는 부자 및 군신의 윤리와 나란하여 삼강(三綱)이 되는데 그 관계되는 바는 더욱 크다. 그러하니 사람이 있은 연후에 부부가 있고, 부부가 있게 된 연후에 부모와 자식이 있으며, 부모와 자식이 있은 연후에야 임금과 신하가 있게된다는 것이 아니겠는가. 우리 대동은 예의가 풍속을 이루었고 여사(女士)들이 한결같이 이를 따랐기에 세상이 생겨난 이후로 처음 융성하였다. 그런데 요즘에는 나쁘고 더러운 기운에 빠져들어 모두 오랑캐로 변하게 되었다. 그리하여 남편이 살아 있을 때에는 드세게 헤어질 것을 요청하고, 남편이 죽으면 태연하게 다시 혼인하는 이들이 고가(故家)와 대족(大族) 집안에서도 나오며 부끄러운 줄도 모르고 당연한 것으로 여긴다. 송씨가 조용하게 스스로 목숨을 끊어 큰 윤리를 밝게 드러나게 한 것과 비교하면 가히 개, 돼지보다 못하다고 말할 수 있다. 그런즉 송씨의 풍도를 듣는다면 이마에 땀이 맺힐 사람이 있을 터이니 가히 인심이 아직 죽지 않았음을 징험할 수 있을 것이다.

宋烈婦傳

烈婦宋氏礪山人, 父善浩. 幼有志操以貞自守. 年十九嫁, 爲連山徐元載後妻. 事尊章以孝, 待君子必敬, 施於夫黨亦能友睦, 一門稱之.

居四歲而夫得奇疾, 藥餌扶護, 一不委人. 夫食則食, 不食則不食, 一視以爲度. 夜輒齊沐虔禱願以身代. 二年如一日. 迨其病革, 斫五指灌以血能延四日, 而終至不起.

宋氏雖極痛寃, 在舅姑側, 若不甚哀毁者然, 緩辭款謦. 躬治絞衾而泣血濕衣, 水醬不入口. 家人慮而防之. 宋氏乘間而服滷汁, 救之而無及. 卽襲畢之夕也. 越幾日同穴而窆. 鄕里聞者莫不義而哀之.

漁隱山人曰,

夫婦之倫與父子君臣幷列爲三綱, 而其所關係尤有大者焉. 豈非以有民人而後有夫婦 有夫婦而後有父子, 有父子而後有君臣耶. 惟我大東禮義成俗, 而女士從一, 寔剖判後初有之盛也. 若夫近日之浸漬邪穢盡化爲戎, 則夫生而悍然請離, 夫死而靦然再醮者, 往往出於故家大族之中, 恬不知恥以爲應然. 其視宋氏之從容自盡, 昭揭大倫者, 可謂狗彘之不若也. 然則聞宋氏之風, 而有泚其顙者, 則亦可以驗人心之不死也歟.

효부 이씨전

효부는 진주에 사는 이완발(李完發) 딸이다. 어려서 노는 것을 좋아하지 않았고 문 밖으로 나가지 않아야한다는 것을 스스로 잘 알았으며 부드러우면서 어른의 가르침을 잘 들었다. 커서 김해의 김원두(金洹斗)에게 시집갔는데 곧 문민공(文愍公) 탁영 김일손의 후예이다.

그 집안에 들어온 후 더욱 엄숙함과 조심함으로 자신을 단속했다. 말은 반드시 간결하게 하고 좋아하며 웃는 표정을 짓는 일은 드물어 저절로 예법에 맞아 사람들이 모두 여자 선비라고 칭송했다. 시아버지가 일찍 죽고 오직 시어머니만이 홀로 살아있었다. 이씨는 한결같은 마음으로 봉양했으니 따뜻하고 서늘함에 따라 그 몸을 편안하게 해드렸고, 맛난 음식으로 그 입에 맞게 했으며 일이 크거나 작거나 감히 제 마음대로 하지 않았다. 자녀들이 잘못하면 반드시 다른 곳에서 타이르거나 꾸짖었으니 분노에 찬 소리를 시어머니에게까지 들리지 않게 했다. 아이가 매우 아픈 적이 여러 번 있었으나 말하고 웃는 것, 음식 등이 평상시와 다름이 없었으니 또한 비참한 기색을 시어머니에게 보여드리지 않았다. 항상 기뻐하는 기색을 띠고 부드러운 모습을 하고 화기 있는 모습을 하였다. 시어머니가 그 효성에 감동하여 칭찬하면서

"너는 어떻게 이처럼 하느냐?"

라고 말했다. 시어머니가 늙고 병들어 오랫동안 침석에 누워 있었다. 이씨는 밤낮으로 걱정하며 그 곁을 떠나지 않았다. 시어머니가 일어나고자 하면 부축해주었고, 누우려고 하면 잘 잡아주었다. 시어머니가 똥을 싸고 알아차리지 못했을 때에는 손수 깨끗이 씻어주었고 몸이 가렵다고 하면 긁어주었으며 머리카락이 어지럽게 흘트러져 있을 때면 빗질해주었다. 시어머니가 귀가 잘 들리지 않은 데도 다른 사람들의 말을 듣고 싶어하면 반드시 귀에다 대고 자세하게 알려주었다. 약은 반드시 맛을 보고 그 감당할 만한가를 살폈으며 먹는 것은 꼭 여쭈어 그 먹고자 하는 것에 따랐다. 옷이 터져 꿰매는 일이나 때가 타서 빨아야 하는 일 등은 항상 먼저 헤아렸고 명이 있을 때까지 기다리지 않았다. 낮에도 쉬지 않고 밤에도 띠를 풀지 않았으며

마음을 졸이면서 조금도 해이해지지 않았다. 그렇게 한 것이 무릇 8년이었다.

가을 날 벼가 익어 들판 가득한 때에 시어머니가 구경가고 싶어하는 마음이 있으면 이씨가 시어머니를 등에 업고 산에 올라 두루 다 구경하였고 돌아오면 또한 똑같이 했다. 그 받들어 순종하여 어김이 없는 것이 모두 이와 같았다. 시어머니는 70세에 천수를 누리고 죽었는데 가슴을 치고 발을 구르며 곡하고 애훼하는 것이 제도를 뛰어넘었다. 함(含), 염습, 제사 등 또한 정성과 공경을 다하였으니 경생의 학사라도 이보다 더할 수는 없었다. 남편이 죽었을 때에는 낮에 곡하는 것을 예법에 맞게 했고 자식들을 위해 억지로 참아 죽은 데에까지 이르지는 않았다. 향리 사람들이 이씨의 행적을 듣고 모두 시어머니를 섬겼던 효성에 대해 흠송하면서 요즘에 보기 드문 일이라고들 하였다. 그런데 마침 시기가 어지러워 정려를 받지 못했으니 식자들이 한스럽게 여겼다.

운수산인은 말한다.

자식의 부모에 대한 도와 며느리의 시부모에 대한 도는 한가지이다. 그 천속(天屬)과 의합(義合)이 서로 다르기 때문에 제 부모에게 효도하는 것은 강혁(江革)과 잔릉(屛陵)의 수령이 되었던 유검루(庾黔婁)의 윤리 같은 것이 여러 번 기록된 일이 한두 번이 아니다. 소학에 쓰여진 이로 시어머니를 잘 모신 사람으로는 한나라의 진효부, 당나라 때의 노씨 및 당부인이 있을 뿐이다. 그런데 진효부와 노씨는 변고가 일어난 때의 일이므로 마땅히 따로 논의해야한다. 오직 당부인의 효행과 공경하는 태도만이 마땅히 후세의 법이 된다. 이 때문에 직청 유비(直淸 柳毗)이 최산남 집안 형제 자손들이 융성한 것에 대

해 논하면서 그 덕을 모두 당부인에게 돌리면서 말하기를

"최씨 가문이 어찌 창대하지 않겠는가?"

라고 했다. 내가 효부에 이씨에 대해서도 또한 그렇다고 말한다.

孝婦 李氏傳

孝婦, 晉州李完發之女. 幼不好弄, 自知不出門外, 婉娩聽長者之敎. 壯而適于金海金洹斗 卽濯纓文愍公駟孫之後也.

旣入門益以莊敬自持, 言必間, 當色少嬉笑, 自合禮度, 人莫不歸女士譽. 舅已早沒, 惟有姑惸然在堂. 李氏一意承奉, 溫淸而安其體, 甘毳而適其口, 事無大小無敢自專. 至於子女有過必誨責於佗所, 未嘗以忿怒之聲聞於姑也. 屢遭兒憾而言笑 飮食無異平日 亦不以悲慘之色 見於姑也. 常有愉色婉容而藹然可掬. 姑感其孝而嘉之曰 汝何以至於如此也. 姑老而病, 長委枕席. 李氏夙夜憂懼, 不離於側. 欲起則扶之, 欲臥則奉之. 有屎而不覺則手自滌除之, 體癢則搔, 亂髮則櫛. 聾而欲聞人言則, 必附耳而詳告之. 藥必嘗而察其所堪, 食必稟而隨其所欲. 衣裳之綻而補綴 后而澣濯, 常先意而不待有命. 晝不休息而夜不解帶, 洞洞屬屬終不少懈者, 凡八年矣.

當秋日禾稼滿野之時, 姑有賞之之意 李氏背負而登山 徘徊周覽還亦如之. 其承順無違皆此類也. 姑七旬而以天年終, 擗踊哭泣哀毀踰制. 其含斂祭奠亦必誠必敬 有經生學士不是過者. 及喪所天晝哭如禮 爲諸子勉强不至滅性矣. 鄕里之聞李氏之行者, 莫不欽誦其事姑之孝, 以爲近世之所罕有. 而適時衰亂未克蒙褒旌, 識者恨之.

雲水山人曰,

子之於父母 婦之於舅姑 其道一也. 以其有天屬義合之異, 故孝於親者如江次翁庾屛陵之倫屢書不一. 書於小學之編而善事姑者, 則只有漢陳孝婦唐盧氏與唐夫人而已. 然陳盧皆在處變, 當別論. 惟唐夫人之孝敬宜爲後世之法. 是以柳直淸論崔山南昆弟子孫之盛, 而歸德於當夫人曰, 崔之門, 安得不昌大乎. 余於孝婦李氏亦云.

황열부전

열부 황씨는 창원인으로 대대로 명문 집안이며 그 아버지는 황민수(黃敏秀)이다. 어려서 성정이 지극했고 성장하여 당성(唐城)의 홍종학(洪鐘鶴) 아내가 되었으니 곧 의열공 홍명형(洪命亨)의 후손이다. 황씨는 순종함으로써 홀시어머니를 섬겼고, 남편을 공경하는 마음으로 대하여 그 도를 각각 잘 실행하니 가문의 모든 이들이 칭찬했다.

시집간 지 겨우 2년 되었는데 그 남편이 요절했다. 마침 친정에 귀녕 가 있을 때였는데 부음을 듣고 달려와 곡하고 애달하며 쓰러지기도 하니 거의 죽고자하였다. 손가락을 씹어 모두 상했고 얼굴과 피부는 문드러질 정도였으며 곡하다가 문득 구역질하고 피를 토하기도 했다. 그것을 보는 이들의 코가 시큰해졌다. 염습하는 도구들을 모두 마음을 다해 마련하여 조금도 서운함이 남지 않게 했고 남편이 죽었던 그 처음부터 끼니를 끊은 지 여러 날이 되었다. 시어머기가 울부짖고 곡하면서 타이르니 겨우 죽을 끌어다 마셨다. 머리카락은 다 흩어지고 얼굴과 옷에 때가 끼어도 빨지 않으며 문 밖으로 나가지도 않았고 당 아래로 내려가지도 않았다. 상을 다 마칠 때까지도 똑같이 했다.

친정 아버지가 찾아오니 영결한 뜻을 알렸고 그 동서에게 말하기를

"내가 시부모님과 친정 부모님께 불효할지언정 남편을 따라

지하에 갈 수밖에 없어요. 내가 죽은 후 시집올 때 입었던 옷으로 염습하고 남자 손이 가까이 오지 않게 해주세요."

라고 했다.

가을에 새 기장쌀이 나오자 저녁 죽을 쑤는데 그것을 보고 기뻐하는 기색을 보이며 절구질하고, 키질하고 끓이는 일 등을 동서와 함께 하였다. 그리고 먹을 때 갑자기 한 사발을 다 먹으니 주곡(晝哭)한 이후로 처음 있는 일이어서 사람들이 모두 괴이하다고 생각했다. 시어머니가 이웃에 사는 친족집에 있다가 저녁에 돌아오자 옆에서 시중들며 식사를 다 마치자 자기 방으로 돌아왔다. 작은 시누이가 같이 자려고 하자 시어머니 옆으로 가라고 권하고 등불을 끄고 누웠다. 시간이 조금 지나자 크게 부르는 한 소리가 들렸고 집안 사람들이 깜짝 놀라 가서 보았지만 구할 수 없었다. 상을 다 마친 지 겨우 몇 개월 지났을 때였다. 옆에 그릇이 있었는데 간수 방울이 남아 있고 그릇은 엎어져 있었다. 기장죽을 먹을 때 간수를 먹고 또 그릇을 엎어 놓았으니 기필고 죽으려고 한 것이었다.

황씨가 기르던 고양이 한 마리가 황씨가 죽은 후부터 문 밖으로 와 앉아서 쫓아내려고 해도 가지 않고 성빈(成殯)할 때까지 있었다. 사람들이 기이하게 여겼다. 호서의 여러 고을 선비들이 황씨의 행적을 듣고 일제히 일어나 관부에 청원하고 호소하고 마침내 임금 행차하는 데에서까지 말씀을 올렸다. 그 일이 장례원으로 내려졌고 '열녀지문'이라는 정려를 받았다.

어은산인은 말한다.

부부의 윤리는 부자 및 군신의 윤리와 나란하여 삼강이 된다. 군신 사이에서 군주가 욕을 당했을 때 신하는 죽고, 남편이 죽었을 때 아내가 따라 죽은 것은 그 의리가 한가지이다. 오랑캐가 강화도를 함락시켰을 때 의열공이 나라를 위해 죽었고 그 아내 성부인도 따라 죽었다. 지금은 두 개의 정려문이 환하게 빛나 집안과 나라의 빛이 되었다. 황씨가 조용히 죽은 것은 위로는 의열공부부의 충과 열을 잇고, 또한 가히 기강이 무너져가는 세상의 풍교를 돕는다고 할 수 있겠다.

黃烈婦傳

烈婦黃氏昌原人 爲世名族 其父敏秀. 幼有至性及長爲唐城洪鐘鶴妻, 卽義烈公命亨之後也. 黃氏事偏姑以順, 待夫子以敬, 各盡其道, 宗黨稱之.

嫁纔二歲, 其夫夭折. 時適歸寧, 承訃奔哭哀隕欲絶. 齒嚼手指瓜破面頰肌膚糜爛. 哭輒嘔血 見者酸鼻. 而絞衾之具, 猶盡心罔有遺憾, 自喪初絶粒已累日矣. 其姑號哭諭之 則略進粥飮. 而蓬髮垢面衣不澣濯, 不出門不下堂. 以至喪畢而猶然.

其父來視 則告以永訣之意 言於其姒曰, 吾寧不孝於尊姑與私親, 不可不從於地下. 吾死之後斂以嫁時衣, 而勿近男子手也.

秋以新秫作夕粥, 見而有喜色舂篩煮熟與姒共之. 及其食也, 頓喫一盂, 晝哭後初見者 人皆怪之姑自隣族家暮歸, 則侍側待其食畢退還私室. 有小姑欲與同寢, 則勸歸姑側, 滅燈而臥. 小頃大呼一聲, 家人驚而往視之, 已無及焉. 過終祥纔數月矣. 有器在傍 乃鹵汁餘瀝而器則覆矣. 蓋食秫而服鹵且器覆則必死故也

黃氏蓄一猫, 自屬纊來伏戶外, 驅逐不去至于成殯. 莫不異之. 湖右列郡搢紳章甫聞黃氏之懿行 齊起而聞官訴府 終至上言蹕路. 事下掌禮院旌之曰烈女之門.

漁隱山人曰,

夫婦之倫與父子君臣幷列爲三綱. 而於君臣相近主辱而臣死, 夫亡而婦從, 其義一也. 建虜之陷沁都也, 義烈公死於國, 其妻成夫人從而殉焉. 至今雙閭煥然爲家國之光. 若黃氏之從容自盡, 豈不上紹義烈公夫婦之忠烈, 而亦可以有補於衰世之風敎也夫.

지산 김복한 연보

1860년(철종11, 경신) : 7월 24일. 홍주 조휘곡(朝暉谷)에서 태어났다.

1865년(고종2, 을축, 6세) : 1월에 아버지가 돌아가셨다.

1866년(고종3, 병인, 7세) : 11월에 어머니 연안 이씨 돌아가셨다. 할아버지가 돌아가셨다.

1867년(고종4, 정묘, 8세) : 종족(宗族) 소죽 김민근(金民根)에게 배웠다.

1870년(고종7, 경오, 11세) : 이의익(李毅翼) 딸과 혼인하였다. 월사 이정구(李廷龜)의 후손이다.

1871년(고종8, 신미, 12세) : 농은 이돈필(李敦弼)을 사사하여 공령지문을 배웠다.

1874년(고종11, 갑술, 15세) : 화산(花山)으로 가서 내종형 복암 이설(復菴 李偰)과 강학하였다. 서로 동지의 의리를 맺었다.

1876년(고종13, 병자, 17세) : 이 해에 큰 흉년이 들었다. 산골에 사는 백성들이 초근목피로 살면서 여위어 가고 안색이 누렇게 뜬 상태로 나무하는 모습을 보았다. 그리하여 백성들이 잘 살 수 있는 방법을 고민하면서 우국제민(憂國濟民)의 마음을 품었다.

1880년(고종17, 경진, 21세) : 장녀가 태어났다. 나중에 권보상(權輔相)과 결혼했다.

12월에 동생 김교한(金喬漢)이 죽었다. 그는 김승진(金承鎭)의 후사로 입양되어 있었다.

1882년(고종19, 임오, 23세) : 덕산의 병계 윤봉구묘에 성묘하고 옥병계곡을 구경하였다.

1884년(고종21, 갑신, 25세) : 홍주 교동(校洞)으로 이사하였다.

1885년(고종22, 을유, 26세) : 공주 계룡산을 유람했다.

1886년(고종23, 병술, 27세) : 홍주 운정(雲井)으로 부모님을 이장했다.

1887년(고종24, 정해, 28세) : 청주 화양동 만동묘에 갔고, 청천(靑川)에 이르러 우암 송시열 묘에 가서 절을 하였다.

1888년(고종25, 무자, 29세) : 6월에 장남 김은동이 태어났다.

1889년(고종26, 기축, 30세) : 기근이 들어 관에서 진휼 사업을 하는데 사대부들 중 공정한 사람들을 뽑아 나누어주게 하였다. 이때 백성들은 김복한이 그 일을 주관하기를 바랐다.

1890년(고종27, 경인, 31세) : 8월에 8대조 난곡공(蘭谷公)의 연시례(延諡禮)를 행하였다.

9월에 선릉 참봉에 제수되었으나 1개월만에 체직되었다.

10월에 우시직(右侍直)에 임명되었다.

12월 소대서연(召對書筵)에 입시하였다. 이 때부터 맹자, 중용 등을 강하였는데 해석이 매우 밝고 명쾌하였다. 글에 따라서 경계하하면서 세자의 도리를 말하였다.

1891년(고종28, 신묘, 32세) : 6월에 부인 이씨가 죽었다. 이 때 김복한은 서울에 있었는데 상이 나간 지 4일 만에야 부음을 듣고 집으로 돌아왔다.

1892년(고종29, 임진, 33세) : 소죽 김민근의 부음이 왔다. 제문을 올렸고 후에 묘전을 마련해주었다.

3월에 동궁을 모시고 황단의 제향에 참석하였다. 경시(慶試) 문과 3등으로 합격하였다.

5월에 홍문관부교리 지제교겸경연시강관춘추관기주관에 임명되었고 사간원 정언에 제수됨.

6월에 체직하여 군직을 맡게 되었으며 신정황후를 태묘에 봉할 때 차출되어 옥책을 받드는 관료로 일하였다.

10월에 홍문과부수찬지제교겸경여검토관춘구관기사관이 되었다. 홍문과부수찬에 제수. 이 때 문순공 권상하에게 내리는 치제문을 지었다.

11월에 박성양(朴性陽) 치제문을 지어 바쳤다. 소대에 입시하여 강목 중 한나라 영제기를 강하였다. 이 일은 문집에 있다.

12월-사직하고 집으로 돌아왔다. 이주찬(李周鑽) 딸과 재혼하였다.

1893년(고종30, 계사, 34세) : 2월에 홍문관부교리에 제수되었고 5월에 홍문관부수찬 7월에 홍문관 수찬, 9월에 시강원사서에 제수되었다. 10월에 통정대부에 올랐고 형조참의로 옮겼다가 성균관 대사성에 제수되었다.

1894년(고종31, 갑오, 35세) : 3월에 동부승지 우부승에 제수되었지만 4월에 관직을 버리고 귀향하였다. 나라가 날로 그릇되어갔지만 부지(扶持)할 수 없음을 깨닫고 사직했으며 이후에 관직에 나아가지 않았다. 겨울에 동학교도(東匪)가 늘어나자 홍주목사 이승우(李勝宇)가 동비 토벌에 관해 자문하였다.

5월에 단양을 유람하였다.

6월에 일본이 고종을 협박하여 전장(典章)을 개혁하고 이후부터 조정 대소사를 모두 일본인이 맡게 되었다는 소식을 들었다. 둘째딸 태어났고 후에 홍순영(洪淳榮)과 결혼하였다.

1895년(고종32, 을미, 36세) : 8월에 명성황후가 일본군에 의해 피살되었다. 10월에 상복을 입으라고 명이 내려왔다. 이 때 김홍집, 유길준, 김윤식 등이 안에서 내응하여 거의하였으니 그들이 이미 토역할 마음을 가졌고 선생이 이에 대해 통분하였다. 11월에 김홍집, 유길준 등이 고종을 겁박하여 삭발하게 하고 삭발령을 반포하게 하자 12월에 홍주부에서 의병을 일으켰다. 이 때 이승우가 동비 토벌한 공으로 관찰사가 되어 홍주에 있었다. 선생이 이승우와 함께 하자고 했는데 이승우는 결단하지 못하고 마지 못해 같이 하기로 하였다. 청양현감 정인회, 사인 박창학, 이봉학 이세영, 송병직, 이상린, 이병승 들이 12월 1일 동시에 모이자고 약속했었는데 이봉학만 수백 명 끌고 왔다. 각 군에 격문을 보내 의병 활동을 하려고 했는데 이승우가 배신하여 일이 발각되었다. 그리하여 경무청으로 잡혀갔다가 경성으로 끌려갔다. 당시 송언회, 이주승 이종응 박봉흠 등이 이승우에게 의병에 가담하지 말라고 경계하였고 결국 이승우가 의병 계획을 발설했던 것이다. 부인 이씨가 밤에 기도하였고 이 때 갇힌 자가 23명 정도였다.

1896년(건양1, 병신, 37세) : 2월 예산 신례원에 이르러 다시 본옥으로 돌아갔다. 이 때 이설, 안병찬, 송병직, 이상린, 홍건 등이 모두 잡혔고 6의사로 불렸다. 그러다 다시 경성으로 끌려올라 갔다. 처음 홍주에 갇혔을 때 망건을 써서 명나라 말기에 있었던 망건선생의 뜻을 나타냈다. 2월에 선유사 신기선이 김복한을 풀어주도록 왕에게 건의하여 특지로 풀려났다.

4월에 보령 길현으로 이사하니 궁벽한 곳으로 가서 살고자 하는 뜻이 있었다.

5월에 성균관박사에 제수되었으나 재주와 학문이 천박하여 감당할 수 없다는 내용으로 상소하고 나아가지 않았다.

1897년(광무1, 정유, 38세) : 3월에 남당 한원진 묘에 성묘했다. 중추원 의관에 제수되었으나 나아가지 않았다. 셋째딸 태어났고 나중에 이규종(李奎鐘)과 결혼했다.

1898년(광무2, 무술, 39세) : 1월에 국상일이 있어 망곡례 행하였다. 3월에 남포 화정(藍浦 花汀)에 갔다. 보령 남포 사람들이 사당을 세우고 주자와 우암 송시열의 진정(眞幀)을 봉안하고 집성당(集成堂)이라고 하였다. 진정 봉안식에 참여하고자 갔던 것이다. 윤달에 사상견례를 시행하고 강회를 하였다.

9월에 집성당에서 향음주례 행하였다.

1899년(광무3, 기해, 40세) : 홍주 운대리로 이사했고 둘째 아들 김노동 태어났는데 막내동생의 후사로 내보냈다.

4월에 동대(東臺) 심의덕(沈宜德) 집에서 향음례 시행하였다.

1901년(광무5, 신축, 42세) : 2월에 오서산 내원사에서 이설과 함께 남당선생 연보 교정하였다. 4월 내원사에서 강회하였는데 이때 면암 최익현이 방문하였다.

10월에 이씨 집으로 시집가 가평에 살았던 고모가 돌아가셔서 곡을 했다.

1903년(광무7, 계묘, 44세) : 5월에 내원사에서 이상린 만나 시경을 강하였다. 을미년 거사로 감옥에서 고생하여 좌우 다리를 잘 못쓰게 되었고 사람들이 업고 다녀야할 정도였다고 한다. 당시 노사 기정진이 〈외필〉, 〈납량사의〉등의 글을 통해 율곡의 이기설을 비판했다. 선생은 이를 논박하기 위해 이설과 함께 통문을 돌렸다.

11월에 셋째 아들 김명동이 태어났다.

1904년(광무8, 갑진, 45세) : 향속이 너무 경박해짐을 걱정하여 여씨 향약을 본받아 향약을 설치하였다.

1905년(광무9, 을사, 46세) : 2월에 부인 이씨가 세상을 떴다.

11월에 을사늑약이 체결되자 '토적흉역' 상소하여 학부대신 이완용, 군부대신 이근택, 내부대신 이지용, 외부대신 박제순, 농상공부대신 권중현 등이 사적으로 조인한 것을 비판하고 그들을 처결할 것을 주장했다. 이를 위해 이설과 상경하였다. 12월 4일에 이 일로 경무청에 잡혀갔다가 12월 말에 석방되었다. 이 때 문인 이우직(李禹稙)이 따라다니며 여러 일을 주선하였다.

1906년(광무10, 병오, 47세) : 윤4월에 민종식이 홍주에서 의병 일으켰을 때 합류하려 했는데 성이 함락되었다는 소식을 듣고 가지 못했다. 이설이 죽었고 7월에 권보상(權輔相)과 결혼했던 맏딸이 죽었다. 권씨부 죽음.

10월에 민종식이 의병을 일으켰던 일 때문에 공주 경무소로 잡혀갔고 11월에 한성 경무청으로 끌려갔다. 이 때 일본경사가 "한국인들이 스스로 나라를 지키지 못해 일본이 독립문도 세웠고, 일본이 한국민을 교육, 발달시켜 족히 국권을 회복할 만하면 국권을 도로 돌려주고 물러갈 것이다."라고 하자 " 독립문도 세우지 말고, 국권도 찬탈하지 말라. 도로 돌려준다는 것도 믿지 못한다."라고 응답하였다. 11월 26일 방환되었다.

1907년(융희1, 정미, 48세) : 10월 13일 보령 관노청에 잡혀갔다가 공주 감옥서로 옮겨졌다. 민심을 동요시켰다는 명목으로 채찍질을 수없이 하다가 포검으로 위협하면서 실토하라고 하였으나 끝까지 당당하게 응하였다. 공주로 가는 도중 청양에서 잤는데 그 집에 도둑이 들었다. 도둑들이 선생임을 알아보고 왜 거의(擧義) 하지 않느냐고 물었다. 선생은 "지모도 없고 돈도, 재산도 없어서 어쩔 수 없다."고 하니 도둑이 "포군(砲軍) 천여 명과 돈 수만 전을 가져갈 테니 함께 하자."고 하여 허락했다. 10월 22일 방환되었다. 이 때 토옥된 이들이 모두 삭발 당했지만 선생은 제외되었다.

12월- 결성 산수동으로 이사하였다.

1908년(융희2,무신, 49세) : 8월에 아들 김은동을 보내 면암에게 제문을 바쳤다.

9월에 규당 안병찬이 방문하였는데 을미년에 의병을 일으켰던 일을 회상하면서 나이들어 기력이 없어짐을 한탄하였다.

1909년(융희3, 기유, 50세) : 남당 한원진의 관해정 유허를 유람하였다.

1910년(융희4, 경술, 51세) : 4월에 수북 김광현(水北 金光炫)의 반학정 유허지를 찾아갔다.

7월에 나라가 망했다는 소식을 듣고 통곡하였다. 이 때 이완용 등이 일본인과 결탁하여 7월 25일 궐내로 들어와 강제로 옥새를 찍게 했으며 김윤식이 지은 선양문과 칙유문을 내리도 록 했다. 그리고 총독부가 조선을 통치하게 하여 조선의 사직 이 영원히 끊어지게 되었다. 선생은 폐인으로 자처하여 두문 불출하고 집안 일 등은 맏아들에게 모두 맡겼다. 원근의 손님 들이 많았지만 접견하지 않았고 친지들의 경조사에 대한 글도 모두 쓰지 않았다.

8월에 청광 이근주(淸狂 李根周)가 순절했다는 소식이 왔다.

1911년(신해, 52세) : 위관 김상덕(韋觀 金商悳) 인지환동으로 들어갔 다는 소식을 듣고 출처(出處)에 관한 편지를 쓰다.

1912년(임자, 53세) : 4월에 족숙 김석진(金奭鎭)에게 제문을 올렸다. 6월에 일본 메이지 왕이 죽자 복을 입으라고 하였으나 엄준히 물리쳤고 순사 최동하가 와서 독촉했으나 단호하게 거부했다. 남당과 병계의 화상에 대한 찬(畫像贊)을 지었다.

1916년(병진, 57세) : 족친 어른인 김병수(金炳秀)에게 편지 썼다. 김 광현이 청의 연호를 쓰지 않았다는 사실을 상기시켰다.

1918년(무오, 59세) : 훗날 자신이 죽은 이후의 일을 미리 정하여 자 식들에게 알려주었다. 나라가 망했으므로 이미 죄인이기 때문 에 자신의 장례의 예를 낮게 하라고 말하였다.

12월 20일 고종황제가 승하하고 23일에 그 소식을 듣고 나서 30일에 성복하였다. 천자 8일의 예에 의거한 것이다.

1919년(기미, 60세) : 족친 어른인 김병년(金炳秊)이 분곡 여부를 묻 자, 장례 때와 연상(練祥) 때에 곡하는 것이 온당하다는 뜻을 담아 편지를 썼다.

3월 파리 강화회의 편지를 보내 국권 회복을 하고자 하였다. 이 때 영남에서도 곽종석 등이 주도하여 편지를 쓰자 영호남 선비들이 합의하여 영남에서 쓴 편지를 채택하여 보냈다. 5월에 파리강화회의에 보낼 편지가 발각되어 윤 7월11일에 홍성 경찰서에 잡혀갔다가 7월 16일 공주 경찰서로 옮겨졌고 10월 21일 방환했다.

1920년(경신, 61세) : 존수계(尊收契)를 세웠다. 김상용(金尙容)의 후손들이 탕패하여 제사도 지내지 않았으므로 종중에서 돈을 걸어 집을 사 사판(祀版)을 안치하고 계를 만들어 밭을 두고서 제사 지내게 하였다. 석당 정구석 행장을 지었다.

1921년(신유, 62세) : 4월 아들 김노동(金魯東)을 보내 남당 선생 묘에 제문을 바쳤다.

인지서재(仁智書齋)를 완성했다. 인근에서 배우러 온 사람들이 많아졌기 때문이었다. 주자의 백록동규를 본떠서 조약을 정하여 학생에게 지키도록 했다. 이 때 화서 이항로(華西 李恒老)를 숭상했으므로 그 상소문들과 시의(時義)와 관련한 글들을 모아 『주변록(主邊錄)』이란 제목을 달았다. 배우러 오는 학생들에게 꼭 읽으라고 했는데 초학자들이 시의(時義)를 잘 알아야 한다고 했다.

1922년(임술, 63세).

1923년(계해, 64세).

1924년(갑자, 65세) : 사진을 찍자 사가 유호근(四可 柳浩根)이 진상찬(眞象贊)을 지었다.

3월 29일 산수동 정사에서 생을 마쳤다.

5월에 장례를 행했다.

1947년(정해) : 6월에 문집이 완성되었다. 먼저 문집을 간행하고자 하였지만 당시에는 일본의 인허(認許)를 얻어야 했으므로 출간하는 일을 도모할 수 없었다. 문인 신해철(申海澈) 등이 공들여 베껴 여러 본을 만들어 나누어 보관하였다가 일본이 물러간 뒤에야 비로소 출간하였다.

1952년(임진) : 연보를 완성하였다.

지은이 **김복한**(1860년~1924)

충남 홍성에서 태어났다. 남당 한원진의 학맥을 계승한 유학자, 호서 의병들의 정신적 지도자로서의 삶을 살았다. 조선의 멸망을 목도하고 두문불출했다. 평생 항일 정신을 견지하며 일상에서 실천했고, 유학 진흥을 위한 교육활동에 전념했다.

옮긴이 **김기림**

조선시대 여성들의 일상적 삶에 관심이 많아 여성생활사연구소에서 지속적으로 하고 있는 '(조선시대) 여성 관련 자료 강독'에 참여하고 있다. 17세기부터 20세기초까지의 여성 관련 자료를 수집, 정리 및 번역하는 작업에도 함께 하였다.

조선시대
여성이야기

규범

초판 인쇄   2018년 12월 20일
초판 발행   2018년 12월 31일

지   음 | 김 복 한
옮   김 | 김 기 림
펴 낸 이 | 하 운 근
펴 낸 곳 | 學古房

주   소 | 경기도 고양시 덕양구 통일로 140 삼송테크노밸리 A동 B224
전   화 | (02)353-9908 편집부(02)356-9903
팩   스 | (02)6959-8234
홈페이지 | http://hakgobang.co.kr/
전자우편 | hakgobang@naver.com, hakgobang@chol.com
등록번호 | 제311-1994-000001호

ISBN   978-89-6071-861-6 93190

값 : 15,000원

이 도서의 국립중앙도서관 출판예정도서목록(CIP)은 서지정보유통지원시스템 홈페이지 (http://seoji.nl.go.kr)와 국가자료공동목록시스템(http://www.nl.go.kr/kolisnet)에서 이용하실 수 있습니다. (CIP제어번호: CIP2019000087)

■ 파본은 교환해 드립니다.